永定河

北京的母亲河

王淳华　主编

北京出版集团公司
北京出版社

目录

第一章 水

第二章 木

第三章 火

第四章 金

第五章

土

序

范曾，中国当代大儒、思想家、国学大师、书画巨匠、文学家、诗人。

这是一本为祖国山河立传的大著。大著者，非言其字数之丰赡，而是言其立意的精审和开阔，言其文字的俊逸和清新。著名山水画大师李可染先生曾有为祖国山河立传的宏愿，那当然是凭着他精深的绘画艺术。而《永定河 北京的母亲河》一书却是凭着中国表意文字的无限生命。

我几乎一集不落地在电视屏幕上欣赏了《永定河》纪录片的全部内容，今天读此书，深感《永定河》纪录片团队、编者、摄影师们怀着对祖国山河的无限恋情，为观众展示了永定河的万千年的历史，述说了它的幸运和灾难，同时演绎出临水而居的人们，从远古直至今天的喜剧和悲剧。这本书带给我们足够的信心和力量，相信明天的永定河会比今天更美、更富有诗意。

本书别出心裁地用中国的五行：金、木、水、火、土为篇次，这又是令人耳目一新的创举。五行之说源于战国，先人以其相生相克的性格，以状天地万物的迁流，这证明了永定河是有生命的，它和周边的万物融为一体。这证明了从庄子到王阳明大哲们的“齐一说”就流动在永定河的波光粼影之中。我期待着人们当然也包括我自己，足踏祖国的土地时，永远记住大画师黄宾虹先生的名言：“中华大地，无山不美，无水不秀。”从而对至今哺育着北京的母亲河——永定河倍加爱护，以尽为人子的孝心。“母亲”，永远是一首圣洁的歌，她默默地无怨无悔地奉献着，千年、万年，相信她不会苍老，祝祷她永葆美妙的青春。

感谢所有为此书撰稿的学者和专家，你们的生花妙笔，对得起我们智慧的列祖列宗。感谢纪录片的编导、摄影师、灯光师和所有工作人员的苦心孤诣，你们的精神就是核心价值观中的爱国和敬业。还应感谢北京出版集团公司的编辑们，没有你们的勤奋和努力，我们不会手捧这本精美的图书。

范曾

《永定河》纪录片总导演手记

王淳华，国家一级导演，享有“十佳电视艺术家”称号，其作品多次获得国内外最高专业奖项。

大型人文地理纪录片《永定河》缘起于2016年北京电视台制作的另一部大型人文历史纪录片《大西山》。我和团队历时3年创作完成的《大西山》，播出后产生的巨大影响，促成了北京市西山永定河文化带的建设规划及时出台，也因此派生了这部姊妹篇——《永定河》。

在这部作品里，我们追寻北京千年生命之水的源头，为这座特殊的城市进行一次影像上的寻根之旅，为北京城市文化追根溯源。永定河是真正创造了京津冀大地格局的母亲河，重温历史、回望今昔，有助于重构京津冀一体化新格局，为北京城的生命印记正本清源。

如果说大西山是北京城的“父亲山”，那么，永定河毫无疑问是北京城的“母亲河”。在地理格局中，永定河横贯西山山峡断裂带冲积而成北京湾平原，它们的伴生关系源自天成，其历史演进、文化面貌、人文形态水乳交融。

《永定河》以自然、历史、风物、故事、情怀、哲思为载体，回溯永定河的历史源流与深远影响，为北京西部的自然生态与人文生态建设助力，为北京传统文化的回归、面向未来的发展助力。

本部作品从河流文明着手，探究文明发生发展的规律性。河流是人类文明发展之源，中国的河流文明是中华文明的本质，中华文明是世界上唯一没有衰微的河流文明，探讨河流文明其实就是在关切人类生存与发展的终极命题。河流文明将不同类别的农耕文明连接贯穿，正是河流使中华文明整合统一、滋润博大，使中华民族历久弥新、生生不息。

进入新的历史发展时期，人类对待河流的反思成为思维主流，永定河作为人类河流文明的组成部分，需要我们立足人类和文明深入研究，广泛传播。《永定河》以一种平和、客观、科学的态度展现永定河这样一条滋养、哺育了中国北方文明的河流。

如果把永定河视为北京的“母亲河”，作为有血有肉、充满情感与奉献精神的生命体，其必然对应天地万物的运行，展现天地人和的整体关系，体现事物运行及转化。《永定河》依托中国传统文化的核心理念之五行——金、木、水、火、土的概念和意象结构进行主题分解和篇章划分。每集的名称分别带有金、木、水、火、土。它们分别是《上善若水》《西山嘉木》《火尽薪传》《人情风土》《一诺千金》《金石为开》《青山绿水》《高天厚土》。

在这部纪录片里，我们努力做了以下探索：

1. 时空视角、阐释主题：在时间上，立足永定河全流域历史发展的角度，以大文史、大生态的视角梳理、思索永定河与北京城市历史发展的关系；在空间上，全片宏观梳理永定河流经山西、内蒙古、河北、北京、天津 5 省（自治区、直辖市）概况，以及流经北京的多个城区，从而展现一个全景式的完整的永定河文化带。以永定河为线索，建立起京津冀一体化的血脉联系。

2. 对话历史、审视生态：以拟人化的手法把永定河视为有血有肉的母亲。通过人与河的相依相伴、博弈与共生，思考人与自然的因果关系，解读北京城根源文化的启示。引导公众认知、了解、保护永定河，反哺母亲河。

3. 立体解读、综合呈现：从人类文明发展史的角度，在《大西山》纪录片研究的文化基础上（历史、园林、宗教、陵寝、军事、古道、民俗、宗教、艺术、国际交流等），又将地质、地理、考古、植物、电力、水利、环境等冷门科学纳入进来。用社会学角度审视永定河，寻找历史规律性的发展和必然。

4. 传统文化、诗性表达：创新性地使用了定场诗的文学呈现方式。在每集开篇之前，以一首定场诗来统领全集内涵，在传播传统文化之美的同时，致敬传统文化，起到在主题上画龙点睛的作用。

5. 写意再现、诗意美学：纪录片《永定河》中的"写意再现"区别于一般情景再现的拍摄，是一种创新性的历史解读手段。在整部作品中，共拍摄了40场写意再现片段，通过对历史人物与事件进行气质和意象上的写意呈现，再现了自远古至解放初期的近百位历史人物。第一次提出人文地理纪录片写意再现和纪录片诗性美学。

6. 主观视角、立体拍摄：运用水下主观视角，用拟人化的手法拍摄母亲河。我们人类总是在审视这条河流，而这条河流何尝不在审视我们呢？

在长达2年的创作过程中，《永定河》一直在纪录片的表达方式上进行探索和创新。本着跨界兼容的创作理念，将当下国内外先进的纪录片呈现手段和理念熔为一炉，并努力探寻新颖独到的审美视角和呈现方式。我们还创新地采用绘画和三维动画结合以及空中定点航拍等多种高难度技术手段来呈现永定河的风貌。

现在，《永定河　北京的母亲河》一书终于出版了。在这里我唯一想表达的就是感谢：

感谢《永定河》的姊妹篇——《大西山》，它让我从此与山河结缘，开始探寻用影像梳理西山永定河文化带的千秋文脉，时代的责任和使命似乎把我与这片山水紧紧连在一起。

感谢北京市委宣传部对人文纪录片一直以来的重视和扶持，感谢我供职的北京电视台和门头沟区委宣传部各级领导对我的信任与嘱托，没有他们的高瞻远瞩和对我创作上的放任、宽容，就没有永定河项目的温暖启航，就无法将这份山河大爱延续下去。

感谢上百位各领域各学科的顾问专家，没有他们的无私帮助和学术支持，就没有《永定河》严谨的科学风范和包罗万象的人文呈现。

感谢与我并肩作战的伙伴和战友们，我们一起经过春夏秋冬，一起看过日月星辰，一起踏上这趑坎坷的荣光之旅，怀揣一种呼啸着的激情，怀揣对家乡的热爱和职业的崇高追求，去记录、去创造、去追寻、去完善自我。

感谢总顾问钟华和总撰稿乔卫两位良师益友的保驾护航。

感谢北京出版集团公司总编辑李清霞和责编于蕊、唐靖近 3 年的跟踪采集，在排版和约稿上可谓用心良苦。

最后，我要特别感谢范曾先生为我题写片名并作序，他的妙笔生花，使整部片子熠熠生辉。其实，最应该感谢的是北京悠久的历史、灿烂的文化、壮美的山河，它们是我们所有创作的素材和源泉。

《永定河》纪录片的拍摄工作已经结束，但是它留给我们的经历永远定格在我们的生命里。作为中国的媒体人、有情怀的知识分子，我们对历史文化的尊重和挖掘、对北京这座城市的书写和铭记并未结束，而才刚刚开始。

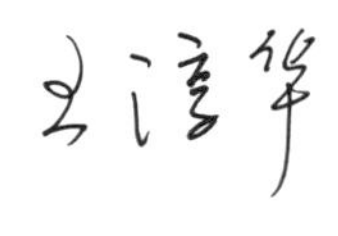

金 木 水 火 土

木生火 火生土 土生金 金生水 水生木

第一章

水

《永定河》第一集
《上善若水》

本集导演：卢晓南

在北京这座城市的气质里，水的灵气不可或缺，北京人的成长记忆，也总会与水有着种种牵连。俯瞰北京，就像一幅洒落着珍珠与饰带的精致画幅，一汪汪池水与河流点缀其间，不仅让这座城市更加灵动，更给其带来无尽的滋养。而当你追溯其源，回望数百万年时会发现，这些看似出处各异的水域，其实都来自同一个源头。正是它曾经肆意奔腾的足迹，滋养孕育出了北京这座城市和北京人的独特气质。

它的名字叫——永定河。

永定河，从群山中奔腾而来

在亚欧板块的东端，山峦交错，峰岭叠嶂。几百万年以来，温暖的水汽年复一年地从东南方向的大洋上升腾成云，随季风向内陆飘移。在北纬 40 度附近，水汽遇到大陆腹地干燥而寒冷的空气，凝结成雨。雨水落在燕山山脉和太行山脉，顺山势而下，涓涓淙淙，沁润泥土与瓦解山石，静静滋养着大山深处蓬勃盎然的草木，又在山谷间汇合、积聚，形成力量。

在山西省宁武县管涔山的山麓之间，散落着一片秀美的高山湖群，一条被称作桑干河的河流就发源于此。这条河携带着黄土高原的泥沙流淌而下，穿越太行山，在河北省怀来县的夹河村与来自内蒙古高原的洋河汇合为一体。自此，这条河有了一个为北京人熟知的名字—— 永定河。自源头之始，永定河浩浩荡荡奔涌 700 多千米，流经山西、内蒙古、河北、北京、天津 5 省市，在天津汇入海河，最终注入渤海湾。

永定河，造就北京小平原

三家店村，地处京西古道的永定河渡口，这里是连接京城和西山的京西门户，因其地理位置的特殊性，有数条古道交会于此。300 万年前，正是在这里，古老的永定河奔出重峦叠嶂的太行山，来到一片开阔地带。从上游冲刷裹挟而来的泥沙迅速沉积，

几只鸭子悠闲地在永定河里戏水 / 壹图网供图

形成了扇形堆积地貌。和永定河一同在此落脚的还有潮白河、拒马河、温榆河以及沟河。五大流域在 300 万年前相互携手，将各自的洪积冲积扇连为一体，从而造就了坦坦荡荡的北京小平原。

北京小平原又被称作“北京湾”，燕山山脉和太行山脉像臂膀一般将它环抱于胸前，形成一方温暖的港湾。如此受到恩宠的地势不仅有利于阻挡北方的干冷空气，同时亦有利于迎接南方的湿暖气流。古老的永定河带来的泥土和充足水源，保障了山前平原农作物的耕种和丰饶的物产。地域通达、水陆交通便利，为北京提供了都城发展的条件，而山水同时构成的天堑之险，又足以捍卫城池的安全。

在北京的历史上，其主要的水源和供给地都在永定河曾经的故道上。或许是母亲河的眷恋，流经之处的低洼处留下了她的身影，至今北京的多处历史古迹还可以寻觅到永定河留下的印记，那是北京城最美的地方，也是北京城的美丽年轮。古代的莲花池水系、西山诸泉、高梁河水系以及城近郊区丰富的地下水，主要均由永定河补给。永定河故道还孕育了万泉河、清河以及大量湖沼，为北京地区提供了优质的水资源。

永定河，孕育灿烂文明

水，被视作生命之源，正是因为有了水的存在，我们的蓝色星球才得以生生不息。和地球上所有大江大河一样，永定河以母亲之躯哺育着两岸的生命，也孕育了东方这

斋堂水库风光 / 全景视觉供图

片古老土地上最早的文明，就像一部流淌的史书，记录了人类演化的漫长过程。

数百万年来，永定河流域一直是古人类移动的天然走廊，永定河冲积出的北京小平原，形成了北京地区最早的原始聚落，孕育了最初的人类和文明的雏形。他们在永定河畔，留下了人类的第一个足迹、第一堆篝火……

地处北京西南的周口店，因距今约70万—20万年的“北京人”而成名。“北京人”是目前已知的北京地区最早的旧石器时期的古人类。周口店的系列考古挖掘，证实了包括“北京人”在内的直立人是南猿的后裔，又是后来的智人的祖先。人类发展史中，因为有了“北京人”的存在，而填补了重要的一环。如今，发源于永定河下游的“北京人”已被人熟知，而在永定河上游和中游，还隐藏着更多且更久远的人类密码，如泥河湾古湖、东胡林人。

自华夏民族形成之始，永定河便与中华文明的孕育成长深深联系在一起。当我们从高空俯瞰永定河，便可以看到，这条河跨越了晋北高原与华北平原两大地理单元，途经畜牧与农耕两类经济区域，河谷地带自然成为南北民族交往的通道、各种文化交会融合的走廊。在唐代及以前，中国的政治、文化中心在西安或洛阳，形成了辉煌的秦晋文化、河洛文化。而其后的辽、金、元、明、清各朝相继建都北京，中国的文化中心也随之东移。永定河谷地正是“东移”的路径之一，它不仅为秦晋文化与燕赵文化的沟通，更为西北少数民族与中原汉民族的交流创造了有利条件，从而使新的文化中心得以落户北京。受其影响，永定河流域逐渐形成了一条蜿蜒奔腾的水脉，同时也形成了一条五彩纷呈的文脉。

永定河，北京的母亲河

纵观人类发展的历史，一座伟大的城市，总会有一条伟大的河流伴随左右。比如：伦敦与泰晤士河、巴黎与塞纳河、维也纳与多瑙河、巴格达与底格里斯河。河流孕育了城市文明，也决定着城市的发展和变迁。3000 年来，始终相伴着北京这座城的，正是母亲般的永定河。

2018 年，北京这座城已经 3063 岁了。在位于广安门以北护城河西岸的滨河公园里，竖立着一座蓟城（今北京）纪念柱。纪念柱上镌有著名历史地理学家侯仁之所撰写的《北京建城记》，柱铭上写道：“北京地区，肇始斯地，其时惟周，其名曰蓟。”春秋时期，燕并蓟，移治蓟城，这就是北京城诞生的起始。

如果说有谁见证过北京 3000 多年的世事沧桑，那么不妨把目光向西望去。穿过林立的楼群，拨开北京西站的喧嚣，静躺着一池碧水——莲花池，它在无声的荡漾里静静地见证和述说。

古人用“水面清圆、微风荷举”来描述莲花池的秀色神韵。很难想象，这一池荷花已经摇曳了 3000 多年。作为永定河洒落在奔涌途中的珍珠，古老的莲花池见证了北京 3000 多年的建城史和 800 多年建都史，也述说着北京这座城与水的渊源。

从北京城之始的蓟城一直到辽金的都城，都是依托于莲花池，与莲花池、莲花河组成的莲花池水系有着密切的关系。莲花池水系因地处永定河洪积冲积扇的潜水溢出带，有着丰富的地下涌泉补给，因而莲花池水系也是北京城最早开发的地面水源。

1981 年，在设计建造北京西站的过程中，为保护莲花池遗址，由北京大学侯仁之教授建议，将原设计方案追加 14 亿拆迁经费，并向东北方向移动百余米。在北京这座繁忙熙攘、寸土寸金的城市，市民们欣然选择留住并修复这一池见证了 3000 多年世事沧桑的池水，令它重现了当年“小楫轻舟，梦入芙蓉浦”的美丽风光。

永定河，艰难的治理史

“五行之中，唯水最要”。远古时期，人们傍水而居，择丘陵而处，为了生存，对自然界趋利避害。但是面对水的巨大威力，以及所产生的危害，人类逐渐认识到人不能胜天。人们对水的依赖和恐惧，使人们对水加以崇拜、敬畏。因此，古人相信有河神的存在，想方设法祈求得到河神的保佑，在这一过程中，水被不断赋予神话和人格化。

历朝历代，永定河曾屡受皇帝加封，独享尊荣。永定河畔寺庙林立，各个朝代一边治水，一边建庙。历朝历代的官员之所以热衷于祭祀河神，主要是为了镇水，“捍御灾患”，借助神灵的威力镇守两岸，消灾避难，以保当地安澜。

位于永定河上游的庙宇，多为祭拜龙王，下游则是龙王与河神同祭。相比龙王，河神的形象则更加真实亲切。在我国各地都有供奉治水功臣的传统，多在沿河两岸设祠致祭，因此河神被代之以真实且具体可感的人格形象并不鲜见。传统的河神祭祀是永定河文化的组成部分，它体现出人类对自然的敬畏和对先贤的敬仰，内涵丰富而厚重。它蕴含着的深刻的人与自然、人与人、人与社会和谐相处的理念，始终是人们心理和情感不可或缺的依托。

当你从远在山西、内蒙古的上游沿河而下，耳闻永定河在山谷间不舍昼夜地奔向下游大大小小的灌渠水库；当你在海拔 1500 米以上，植被稀疏、气候严酷的产沙流域里眼见她卷起浊浪，携带沙石；当你驱车行驶在京南平原上她干涸的故道，感受河床两岸或喧嚣的集市或静谧的田园。你知道，她就是母亲。

作为母亲，或许她的样貌不足够慈祥、柔美，甚至有些倔强、刚烈，但她却是一位真实的母亲，一位历经数千年无私无悔孕育与哺育着儿女的母亲。她对偎在怀里的这座小城——请允许我们在母亲的面前，把北京称作“小城”——倾注着所有，她在汇聚时涓涓细流的清涟，她一路裹挟泥沙以铺陈沃野的坚持，她劈开大山的伟力，她奔波百里的牵挂。或许这些，正是她希冀在滚滚波涛中、在潜移默化中赐予北京这座城市的精神力量。

《永定河》纪录片第一集《上善若水》海报

《永定河》第七集
《青山绿水》

本集导演：朱晓梅 兰天

石景山是座山，曾有“燕都第一仙山”的美誉。大唐节度使在这里建有藏经洞，明清两朝皇帝曾登临拜谒。山不高，仅仅海拔 180 米，却遍布寺庙道观、摩崖石刻。据传 4000 多年前，治水的大禹在治理绳水时从碣石山出发，所治绳水就是永定河，而碣石山，就是这座石景山。在地势上，由于石景山阻挡了永定河出西山之后的去路，迫使其改道南下。也正是这座山丘，见证了永定河上最早的水利工程。

历史上永定河的治理

从石景山山顶向下俯瞰：一条道路被夹在石景山与四平山两座山峰之间，一直延伸至八角方向。据考证，这条路的位置走向，曾是永定河的故道，后来又多次经历人工开凿。最初开辟这条河道的目的，是修建北京历史上第一个大型引水灌溉工程——戾陵堰车箱渠。

戾陵堰建造于三国时期。那时的北京，还是曹魏的一座边城——蓟城。为了灌溉更多农田，保障军粮供给，曹魏镇北将军刘靖主持修建了戾陵堰拦截水流，开凿车箱渠引水灌溉。1000 年之后，石景山依旧葱茏，然而戾陵堰车箱渠已不复存在。元朝初年，新选址的大都正在如火如荼地建设，作为一个百万人口的国际大都市，水源必然是其安身立命之本。

作为中国历史上成就最为卓著的科学家、工程师之一，郭守敬主持开发了大都水源白浮泉和京杭大运河的通惠河段，对元大都的水利进行了连通南北、配置东西的全局性规划。郭守敬，堪称北京最早的水利规划设计师。

为满足城市建设对运输的需求，郭守敬提出重开被金人废弃淤塞的金口河，“导卢沟水，以漕西山木石”。在金口河首尾相连、不断涌来的木排中，元大都日益繁盛。然而，繁华背后，隐忧也在悄然浮现。上游的过度砍伐，导致了严重的水土流失，也因此留下了“大都出，西山兀”的民谣。永定河的泥沙大量沉积，河床不断抬高，河

矗立在北京什刹海西海北岸的郭守敬塑像 / 雨水 摄

水频频改道，灾难的隐患日益凸显。为防不测，在重开金口河 30 年后，晚年的郭守敬不得不亲自指挥，将金口河填埋。对自然的洞察和对规律的尊重并非为每个人所具有。郭守敬关闭金口河 41 年后，随着对水资源需求的增长，人们再开金口河，为大都漕运供水的建议得到了朝廷的批准。

无视自然的人为冒进让元大都付出了惨痛的代价，金口闸一经打开，洪水向大都袭来，大量民宅被冲毁、百姓死伤惨重。这次悲剧事件导致此后几百年间，再也没人敢轻言凿引永定河水。整个明王朝，都没有在这条大河上大兴土木。失去了绿色覆盖的永定河，成为一条淤塞泛滥、改道频繁的害河。加之明清时期永定河流域开发不断深入，北京周边人口不断增长，城市建设日益壮大，进一步的毁林伐木使得流域内的自然环境每况愈下，这条河也就成了名副其实的“浑河”“无定河”。

就这样，母亲河狂放不羁了 300 年，直至一位立志与水患博弈之人的出现。这个人就是清康熙皇帝。康熙帝治理永定河，虽然已距今 300 多年，但历史却将这个壮举凝固在了沙石之下。

永定河出山后的几个大拐弯处，由于水势湍急，极易决口出险。清代的治理，务求坚而又坚，故将这一带河堤铸成“铜帮铁底”，左堤、求贤坝、右岸的金门闸，数百年来一次次迎接惊涛骇浪，却铁骨铮铮、屹然矗立，肩负着护卫京城的重任。

康熙三十七年（1698 年），浑河再次肆虐泛涨，于成龙临危受命。与以往的局部

《永定河》纪录片第七集《青山绿水》海报

疏堵思路不同，于成龙将目光放眼全局，注重全程治理，3个多月疏浚河道145里[1]，筑南北堤180余里。为了让“无定河”从此安定下来，康熙帝将浑河赐名为“永定河”，题额建碑，敕封永定河神。永定河之名由此诞生，延续至今。

新中国成立后永定河的治理

伴随充满灾难与变数的中国近代史，直至解放前，永定河依然是一条灾害频仍的害河。新中国成立之初，百业待兴，永定河的治理立刻提上日程。1953年，水利部提出《永定河流域规划》，首要任务就是修建官厅水库。

1954年，官厅水库落成。水库大坝建于两山之间，将永定河拦腰截断，在汛期，控制下泻的洪峰，也拦截了来自上游的泥沙，为北京及下游地区的防洪、供水、供电、灌溉发挥了显著的作用。建成之初，官厅水库一度成为北京最主要的水源地之一。

此后，永定河沿线又先后修建了多座拦河大坝，蓄水成库，如斋堂水库、珠窝水库、落坡岭水库、三家店水库、册田水库、大宁水库等。仅在北京，就修了80多座水库，官厅上游还建了200多座小水库和水电站。就这样，原本丰沛绵延的永定河被千刀万断、支离破碎。人们的初衷本是为了治水、让母亲河为民所用，但是，对母亲河的过度索取，对河流水体和自然生态都产生了巨大影响，致使母亲河从此病困不起。

随着永定河上游地区工农业生产的发展，到20世纪80年代，官厅水库水质受到严重污染。同时期，三家店以北的永定河水几乎全部引入北京市区，使三家店以南80千米的河段常年断流，河床裸露，沙化严重。受利益驱使，人们又开始对河道进行索取。干涸的河道一度成为盗采盗挖的采沙场，沟壑遍布，成为北京沙尘的重要源头。此时，母亲河曾经的温柔与倔强已然不复存在，只剩满目疮痍中无声的呻吟。

新时期永定河的治理

天地常常缄默，自然始终有声，一生坎坷的母亲河终于在此等到了被拯救的时刻。在北京大兴，有一片碧波荡漾、百禽嬉戏的湿地，湿地沿用了历史赐予它的名称——南海子。当年曾是清代皇家苑囿和狩猎场所。今天这里有一处知名的科普教育基地——麋鹿苑。北京麋鹿苑生态科普负责人郭耕，是国内最早倡导环保的领军人物之一。为了警醒世人，让北京的生态得以恢复，郭耕和他的伙伴们在苑内植树种草营造内部生态环境，同时奔走呼号向社会普及生态科普理念。30年过去，当年回归故里的22头麋鹿已经繁衍壮大到170多头，实现了自然野化繁殖。曾经沦落荒芜的南海子，如今

1. 里：长度单位，1里=500米。

早已变成了一个生机盎然的郊野公园。

南海子之变只是永定河流域生态恢复的一个缩影，这般绿意天然的景象在永定河畔正在由点及面在人们的注视下晕染开来。

2009 年，北京市决心整治已经断流 30 多年的永定河，《永定河绿色生态发展带建设规划》审议通过。几年后，全长 18.4 千米的“五湖一线一湿地”生态修复工程完工，由门城湖、莲石湖、园博湖、晓月湖、宛平湖、供水管线、园博湿地串联而成，形成一套溪流—湖泊—湿地连通的河流生态系统。

湖泊要有水，水从哪里来？负责永定河 170 千米生态修复的总设计师邓卓智，带领团队做出了一系列别出心裁的设计：将沿线再生水厂产出的再生水，经过人工湿地净化后注入河中，变废为宝，水质可达到三类水标准。为了让水能够流动循环利用，形成生态效应，工程专家们量身打造出一套节水净化系统，既有助于地表生态恢复，又能最大限度地补给地下水。

在争议和质疑声中，几年过去了。今天，“五湖一线一湿地”的点点绿色早已联结成片，呈现出一派水清岸绿、人水亲和的景象。这套由人工诱导的生态系统，已经逐渐具备了自我维持、自我修复的能力，随处可见水鸟纷飞、鱼虾游弋，向可持续的自然生态良性过渡。

“五湖一线一湿地”的成功实践，让人们看到了希望，也让政府增加了治理的信心和力度。随着永定河综合治理与生态修复工程的全面启动，饱经沧桑的母亲河迎来了期待已久的“新生”。

目前，京津冀晋 4 省市联手综合治理修复永定河被提上日程。到 2025 年，永定河生态廊道将初步形成“流动的河、绿色的河、清洁的河、安全的河”。新增滨河森林 12000 公顷、滨河公园 3667 公顷、绿道 200 千米，将把永定河沿岸连接成一条闪亮的“绿宝石项链”。

人们常慨叹物是人非、沧海桑田，然而，山水即使无言，历史也永远存留于时间的血脉里。300 万年间，从清泉到浑水，从无定到永定，从奄奄一息到起死回生，从满目疮痍到鸟语花香，一次次生死轮回，一次次悲喜交加。河的命运折射出人与自然之间的博弈相生、相依相伴。母亲河用水流、用时间，潜移默化地向儿女传递着“爱”的真谛—— 爱她，不该是一味依赖和索取，更应是一份理性、交流与珍惜。

母亲赐我生命，母爱育我成长，多久的长途不忘来路，多远的岁月不忘亲恩。母亲从来不求回报，但血脉不能无源无根，母亲河即使万年沧桑，一路坎坷，但永远值得儿女一生感念、一生珍爱、一生回报！

北京永定河石景山段的莲石湖 /cnsphoto 供图（李文明 摄）

永定河，北京的母亲河

文/朱祖希

永定河是一条古老的河流。它从山西高原和内蒙古高原奔腾呼啸而来，以其高屋建瓴的磅礴气势，切穿了北京西山的重峦叠嶂，倾泻在北京小平原之上，形成了一个以石景山为顶点、中部微呈隆起的洪积冲积扇，并储存下了丰富的地下水源。正是这个洪积冲积扇平原和地表、地下水源，为北京的繁育、成长提供了良好的地理空间和甘甜的“乳汁”。

永定河渡口和北京城的诞生

永定河斜贯北京的西南部，是北京地区最大的天然河流。它的上源分为南北两支：南面的一条叫桑干河，源于山西省宁武县的管涔山；北面的一条叫洋河，源于内蒙古兴和县以北的山麓。这两条河流在河北省朱官屯附近汇合之后始称永定河。它流经官厅水库、北京西南，至天津附近注入渤海，全长约 700 千米，流域面积约 5 万平方千米。

只要我们稍加考证就会发现，现今的卢沟桥一带，曾经是永定河具有代表性的渡口。因为在北京小平原的西北是由太行山山脉和燕山山脉构成的崇山峻岭，在它的东南又是一片沼泽、淀泊，从华北平原北上，或是从西北高原南下，都只有经过这里才能进行交流。这一古代渡口的见证，就是今天的卢沟桥。

作为北京小平原南北交通要道上的渡口，这里显然是北京城起源最适宜的城址。但是，由于永定河洪水泛滥，且迁徙不定，经常威胁着北京城址的安全，人们才不得不迁到离渡口不远、地势相对较高的蓟丘。在这里，又有水源——莲花池水的供给。这就是北京城的起源之地，位于今天广安门一带

官厅水库不仅解除了永定河的洪水泛滥，还给北京西部，乃至天津输送水源 / 全景视觉供图

的蓟城，在以后，又相继成为隋唐两代的幽州城、辽代的陪都南京城、金代的首都中都城。

永定河为北京城提供了良好的地理空间

当永定河携带着大量的风化碎屑和泥沙，切穿北京西山，并在三家店出山之后，形成了以石景山为顶点的洪积冲积扇。这个“扇”北起清河，东至通州，南达河北省的小清河，面积约 1000 平方千米。整个洪积冲积扇西北高、东南低，地势平坦，排水良好，而且土地肥沃，水源充足。这就为一个城市的孕育、成长提供了良好的地理空间。

北京城从它的起源、变迁，即从早期的蓟城，逐渐成长为中国北方的军事重镇，到辽建陪都、金建中都，再到成为全国政治文化中心的元大都、明清两代的北京城，都没有离开过永定河所形成的这个洪积冲积扇。

北京城从最初的依傍莲花河水系，转移到后来的高梁河水系，固然是因为其“水流涓微，土泉疏恶”，而高梁河水系的天然湖泊水面宽阔、水源充沛，更是因为金中都城所在位置偏于永定河洪积冲积扇的西南侧，地势相对较低，易受永定河洪水的威胁，而高梁河水系地处“扇”的脊部，可免受洪水之虞。历史事实也证明了这一点。

北京城近郊区古井 /cnsphoto 供图（草木 摄）

永定河以甘甜“乳汁”哺育了北京城

数千年来，永定河以及由它储存在地下的潜水，一直是北京城的饮用水源。

据史书记载，远在帝尧时代，我国就已发明了凿井汲水的技术。而凿井汲水技术在古代北京也已得到了广泛应用。1956 年，在配合永定河引水工程中，相关人员就曾在宣武门豁口两侧，以及和平门一带，发现春秋战国和汉代陶井 150 余眼。之后，为了配合市区的上下水工程和南护城河加宽工程，相关人员又在陶然亭、广安门内大街、北线阁、白云观、宣武门内南顺城街、和平门一带发现65 眼陶井。这说明远在2000 多年前，北京就已经开始凿井汲水，井水成为居民日常饮用、洗漱和农田灌溉的主要水源。

到了清代，朱一新在其《京师坊巷志稿》一书中，把北京城里每条胡同中有几口井都记得一清二楚。据他统计，北京城几乎一半以上的胡同里都有水井。内城有井 701 眼，外城 557 眼，共计 1258 眼。另据 20 世纪 70 年代统计，北京城近郊区有机井 4000 多眼。北京城的宫苑用水，则是由玉泉山和西山诸泉，通过高梁河供给的。

新中国成立后，于 1954 年建成官厅水库，不仅解除了永定河的洪水泛滥、迁徙无定，消除了水灾，而且还给北京西部，乃至天津输送水源，在其建成之后的 40 多年中，共提供城市用水 240 多亿立方米。

古河道是北京古典园林、苑囿的自然基础

在历史上，永定河曾被称作“无定河”。研究表明，我们今天所见的清河、高梁河、凉水河，乃至大兴区境内的凤河等，都曾是

古高梁河留下的遗迹——什刹海 / 壹图网供图

永定河在迁徙过程中留下的故道。

7000 多年前的古清河从石景山流经西黄村、巴沟低地、海淀镇以西、圆明园、清河镇，东流与温榆河汇合。河道宽 3 ~ 4 千米，最宽处达 5 千米。但在河水南迁后便留下了宽阔的古河道。历史上曾经出现过的丹棱沜、南北海淀、万泉河以及泉宗庙、畅春园等都是依傍着清河故道修筑起来的。

永定河在南迁之后又形成了高梁河，今日所见的紫竹院、什刹海、北海、中海、南海、龙潭湖等都是古高梁河留下的“足迹”。而今日所见的南苑、团河行宫、南海子等又都是㶟水故道留下的遗迹。

不仅如此，永定河还是北京西山泉流的重要水源地。据研究，永定河通过地质上的向斜构造以 10 立方米 / 秒的供水能力为北京西山供水。

水是有机生命的源泉。河流孕育了人类文明，也哺育了代表人类文明的城市。从“永定河是北京的母亲河”的提出，到如今已经 22 年了。从 20 世纪 80 年代起，永定河已几近干涸。前不久，一项“京津冀晋 4 省市永定河综合治理与生态修复总体方案”已经启动，按照工程计划，到 2020 年，永定河将恢复成流动的河、绿色的河、清洁的河、安全的河。

愿北京的母亲河能够“水常流、鱼常游”！

根源血脉

——永定河之于北京

文/王洪波

都说永定河是北京的母亲河，那到底体现在哪些方面？母亲河与北京城的血脉相连又到底体现在哪儿呢？

堆积平原，塑造空间

永定河自北京西郊三家店流出重峦叠嶂的太行山北段（俗称北京西山），进入北京小平原，即华北大平原的西北隅。由于地面开阔，坡度陡然变缓，河水流速骤然减慢，水流的搬运能力减弱。于是，河水从上游冲刷、裹挟而来的砾石、泥沙，迅速堆积，形成扇形堆积地貌，称为永定河洪积冲积扇，不同时期的洪积冲积扇不断发育，连为一体，就形成了洪积冲积扇平原。

永定河洪积冲积扇平原的范围，大致北至清河一温榆河（下游），南至大清河，西至小清河一白沟，东至北运河。这一广阔的平原土层深厚、土质肥沃，为北京城原始聚落的形成创造了优越的地域空间。这是永定河为北京城做出的第一个重要贡献，或者说是“永定河是北京的母亲河”的第一层含义。

渡口所在，交通枢纽

永定河洪积冲积扇平原的存在为原始聚落的形成创造了地域空间，永定河渡口的存在，决定了早期聚落一旦形成便会迅速发展为区域的中心。几千年前，华北大平原上河道密布，纵横交织，湖泊洼淀众多，不便人们通行。远古时代的先民们南下北上进行交往，只有太行山东麓大道、居庸关大道、古北口大道、燕山南麓与山海关大道便于通行。

古北口大道遗址 / 全景视觉供图

当中原农耕区的先民要与北方的游牧民族先民交往时，必须循着太行山东麓大道北上，当到达永定河渡口渡河后，路分 3 条：一是向西北行，出居庸关，进入内蒙古高原，这条道路可称为居庸关大道；一是向东北走，过古北口，可到辽西地区以至松辽平原，这条道路可称为古北口大道；一是往东去，沿燕山南麓前行，出山海关后可去东北各地，这条道路可称为燕山南麓大道或山海关大道。反过来说，当北方游牧区的先民要与中原农耕区的先民交往时，也必须先循居庸关大道、古北口大道、燕山南麓大道，会集到古永定河渡口，渡河后，再循太行山东麓大道南下。因此，永定河渡口是南北往来大道的枢纽。

一般说来，交通枢纽之地是最容易形成大型聚落的。然而，永定河是一条桀骜不驯的大河。从黄土高原北部跳下几个山间盆地，再穿越崇山峻岭进入北京小平原，河道落差大，水流湍急。加上华北地区的气候特点是降水集中，夏秋季节河水猛涨，洪流滚滚，泛滥成灾。为了躲避永定河的水患，几千年前的先民们便着意选择既距渡口不远，又可避开洪水冲击，又有便利水源的高敞之地建立居民点。符合如此条件的地方就在永定河渡口东北方向约 20 里的一处高地上，因该地遍地生长着叶长逾尺、叶片多刺的野生植物——大蓟，而被叫作“蓟丘”。北京城的雏形就在这里生成，因而被叫作“蓟城”。

最初的蓟城形成之后，由于所处地理位置的优越性和重要性，城市持续发展，历久而不衰。西周初年成为蓟国之都，后来又成为燕国之都。自秦、汉，历魏、晋、南北朝，至隋、唐、五代（后梁，后唐），蓟城或为王国之都，或为州郡县治所，一直是北方的行政中心和中原封建王朝经略东北边疆的军事重镇。直到辽会同元年（938 年），契丹政权占据了这里，升幽州（治所蓟城）为南京（又称燕京），建为陪都。从此，“蓟城”之名才成为历史，而蓟城的发展进入一个新的阶段——都城时代，辽南京、金中都相继在蓟城的位置上进一步发展、壮大。

城依水存，水随城在

北京城的规划建设中，永定河也发挥了关键作用。据考证，蓟丘坐落在今广安门外西北的白云观附近，白云观西墙外原有一处高丘，很可能就是古代蓟丘的遗迹。所谓“丘”，其实是永定河洪积冲积扇的一条扇轴，地势较高。而附近则是永定河洪积冲积扇的“低谷”，也就是它的潜水溢出带，绿野平畴，流泉萦绕，湖塘相间，还有丰沛的地下水，十分便于凿井汲水。蓟城西北一带众多溢出的泉流汇集成了一个大湖，称为西湖，今莲花池就是它的遗迹。这个城西之大湖就构成了蓟城的主要水源。金朝在此建中都城后，一方面，仍引西湖水入护城濠环绕全城，同时汇合城西永定河潜水溢出带上的百泉溪、丽泽泉等平地泉流，作为护城濠和洗马沟水源的补充；另一方面，将洗马沟上游一段圈入城中，作为宫廷园林的水源，建造了风景秀丽的同乐园，从同乐园南端又分出一支清流东入宫城，在宫城西南一隅开辟了华美的鱼藻池。经过这样一番整治后的莲花池水系，基本满足了金中都城池格局的用水需求，并在中都城内营造出一派碧水环绕、水清木华的优美景致，开了北京引水造池修建皇家园林的先河。

元大都的建设，没有继续在金中都的城址上进行，而是选择了以金代白莲潭之畔的万宁宫为基础，重新规划了一座新城。元代人改称白莲潭为积水潭或“海子”，这一串湖泊是永定河的故道之一，习惯上称为“三海大河”。元大都规划建设时将“海子”圈入城内，以它为中心建立起一座堪称中国古代都城经典的“完美之城”。该城前宫后市，布局方正，整齐划一，状如棋盘。它以积水潭（海子）为中心，有一条贯穿宫城、皇城，笔直、庄重、对称的轴线——南北中轴线，体现了封建帝王“唯我独尊”的政治理念。元朝人将积水潭周边的一串湖泊一切为二，南半部围入宫墙，改称太液池，并专门开通了一条御河从玉泉山引水注入太液池，称为金水河。在太液池的东西两岸环列着 3 组宫殿：东岸是属于皇帝的一组宫殿，称为宫城，即今天紫禁城的前身；西岸的两组宫殿叫隆福宫和兴圣宫，分别为太子和皇太后所居。三宫鼎立，中间环抱太液池和琼华岛，四面高墙围筑，是为皇城。环绕在皇城外面的则是大城。

每年夏季，莲花池公园都会成为荷花的海洋 / 全景视觉供图

从元大都的地图上看，烟波浩渺的积水潭和太液池正好位于全城类似于心脏的位置，整个宫城及大都城的南北中心线，就正好从湖泊的东岸贯穿而过。元大都的设计者将大片水面布置在全城重要的位置，以水的灵动衬托皇城的庄严，可谓气势恢宏而匠心独运，这一规划布局不仅是古都北京城市规划建设中的精华，在世界上也享有盛誉。永定河故道高梁河水系经过改造后从西北至东南斜穿整个大都城，通过它，元大都不仅在皇城宫苑的布局上充分展现了街道、建筑的方正严谨与河流的弯转灵动之间的平衡、协调，还完美地实现了前朝后市、漕粮入城的宏伟设想。

积水潭的南半部被圈入皇城，造就了皇家苑囿；北半部则被改造成运河码头，成为城市的交通枢纽和商业中心，由高梁河作为基干接引而成的通惠河，使得漕运的船队可以直抵元大都的心脏。此后，明清北京城仍主要依赖这条水系提供水源，延续至今的京城水系格局由此奠定。

明清北京城郊的园林建设也与永定河息息相关。北京城南南苑一带，为永定河灅水故道所在，自金元即为皇家猎场，明代永乐年间“增广其地，周垣二十里”，到了清代又大兴土木，建造行宫，范围不断扩大，成为南苑所在。清代西郊海淀镇以西，为永定河清河故道所在，历史上是个湖泊遍布、“平

圆明园秋色 / 壹图网供图

地有泉，滮洒四出”的地方。从金代开始，官僚和富户在此辟园林、造别墅，数百年间延续不绝。清代又在此基础上进一步营建了“三山五园”皇家园林群，这些园林的共同特点，就是水面占有很大的比重。圆明园更是一个以水为主体的水景园，溪流纵横，湖泊星罗棋布，风景秀丽，气象万千。

漕运通道，引水济运

永定河在北京与外地的物资流通中也曾发挥过重要作用。隋唐时期，永定河水量较为稳定和丰沛，因而也曾行船通漕，有航运之利。大业四年（608 年），隋炀帝动用河北数郡百万余民工在黄河以北开凿永济渠，“引沁水南达于河，北通涿郡”。抵达涿郡的航道利用了一段永定河的河道。

辽、金、元相继在北京建都之后，这里成了北方乃至全国的政治中心，对粮食及各类物资的需求随之剧增，漕运的重要性日益突出，利用永定河漕运物资也就顺理成章。辽代曾利用永定河故道开发漕运功能，留下了一条至今遗迹尚存的“萧太后运粮河”。金元时期多次开凿永定河引水济漕，开凿有金口河、金口新河。尤其元初金口河从至元三年（1266 年）到大德五年（1301 年），利用了 35 年，“上可以致西山之利，下可以广京畿之漕”，在修建大都城的工程中，发挥了重要作用。

另外，从漕运角度还需一提的是，元明时期，永定河至看丹口分为两派，其北派（大致即今凉水河的河道）之水至张家湾、漷县，汇入白河，壮大了北运河水量，这也是永定河为元、明数百年的漕运兴盛做出的贡献。

永定河文化
——从水脉到文脉

文／吴文涛

水是河流的主体，也是流域文化的载体。人类利用永定河流域的自然环境和各种资源，世世代代创造、发展、传承、积淀下来的文明成果汇聚成了永定河文化。它体现在永定河流域人们生产、生活的方方面面，内容涉及山水、交通、聚落、军事、宗教、民俗、科技、文艺、园林、煤业等多个类别。其中最重要的一点是，作为北京的母亲河，永定河文化在古都北京的文化脉系中居于母体文化的地位，深刻影响着北京地域文化的形成和发展。

悠悠母亲河，哺育华夏第一都

永定河流经北京段长 159.5 千米，流域面积为 3168 平方千米，为北京境内最大的河流，也是最古老的河流。两三百万年前永定河从晋北高原穿过太行山山脉北端的崇山峻岭奔腾而下，在华北平原西北部自由地摆动、宣泄、淤积，形成广大的洪积冲积扇，造就大片丰泽膏腴的土壤，又留下大量湖沼和丰富的地下水，为北京城的发展壮大提供了优越的地理空间。

西周初年武王伐纣取得胜利，封黄帝的后裔于蓟，这就是北京城最早的据点。它背靠长满蓟草的蓟丘，西邻西湖（今莲花池的前身），中心位置在今广安门一带。在莲花池的哺育下，从先秦蓟城到汉唐幽州再到辽南京、金中都，都是在同一城址上发展壮大。元代以后，城址北迁到高梁河水系。高梁河也是永定河故道之一，它接纳来自西北山区的水源，供养着元大都，明、清北京城直至今日之首都。也就是说，永定河水及其故道遗存所形成的莲花池水系、高梁河水系，一

永定河的发源地——山西省宁武县管涔山天池 / 北京电视台供图

直是从蓟城到北京城的主要水源。

永定河中上游流域的森林、煤矿和岩石、沙砾，为北京的城市建设和城市生活提供了必需的建材和能源。早期的永定河曾是重要的水运通道，元朝以后仍有部分河水汇入北运河，为大运河的漕运补充水源。永定河的水利、水害及河道变迁，直接影响着北京3000多年的建城史和800余年的建都史。

南来北往、多元融合，构成华夏民族的文化走廊

永定河跨越晋北高原与华北平原两大地理单元，途经畜牧与农耕两类经济区域，河谷地带自然成为民族交往的通道、文化融合的走廊。在唐代及以前，中国的政治、文化中心在西安和洛阳，形成了辉煌的秦晋文化、河洛文化。其后的辽、金、元、明、清各朝相继建都北京，中国的文化中心也随之东移。永定河谷地正是“东移”的路径之一，它不仅为秦晋文化与燕赵文化的沟通，更为西北少数民族与中原汉民族的交流创造了有利条件，从而使新的文化中心得以落户北京。受其影响，永定河流域的文化具有历史悠久、内涵丰富、包容大气、底蕴深厚的特点，流域内的名山大川、聚落城堡、水利交通、宗教传统以及民间风俗等，无不映射着华夏民族融合发展的历史进程，犹如一条五彩纷呈的文脉。

永定河流域是东方文明的起源之谷、中华文化的发祥之地。距今200万年前，人类的祖先就已出现在永定河上游、今河北阳原县境内的泥河湾一带。从200多万年前到1万年前的旧石器时代早、中、晚期，人类活动都在这里留下了内容丰富的遗迹，这在世界上是独一无二的。泥河湾的发现，改写了世界关于人类起源和人类文明发展的历史，昭示了永定河流域是人类最早的文明发源地之一。同时，北京周口店的北京猿人、新洞人、山顶洞人，山西阳高的许家窑人，山西朔州的峙峪人，北京门头沟的东胡林人等遗址的发现，揭示了从200万年前到现在，永定河流域内的人类活动遍布多地，生生不息。中国多民族国家统一过程中的一连串问题，也最集中地反映在这里，从南北朝到辽、金、元、明、清，许多历史的“重头戏”都在这个舞台上演。

永定河流域拥有众多古都、古城、古堡、古村落，反映出5000年来华夏民族的融合历程。除孕育了古都北京，永定河还造就了古都大同（北魏首都、辽金陪都）、黄帝之都涿鹿、西周代国之都——代王城、元朝时的元中都等。这些都城，上溯炎黄，下及当代，贯通中华5000年文明发展史；数量众多，类型齐全，构成了一个区域性的古都群落，直观地反映了中华民族融合与都城变迁的历史轨迹和首都北京的成长历程。

不同时代作为郡、州、府、县、卫的治所的许多古城，如代县古城、永兴古城、矾

黄帝之都涿鹿鼓楼遗址 / 全景视觉供图

永定河流域的宗教文化遗产——潭柘寺风光 / 壹图网供图

永定河流域的民俗文化——柏峪燕歌戏 / 王强 摄

山古城等，反映出永定河流域行政建置历史的悠久。在中上游的延庆、怀来、宣化直至大同等地，有岔道城、土木堡、鸡鸣驿堡、柴沟堡等众多具有城堡形态的古村落，显示出民族交错分布地带的聚落特征。保存较好的古村落，如北京的爨底下村、灵水村，河北的南留庄镇、暖泉古镇，山西的觉山村、神溪村，等，具有深厚的历史文化韵味，正日益成为旅游热点。

永定河流域拥有丰富的宗教文化遗产，兼收并蓄，包容大气。在永定河流域，宗教文化遗产具有数量多、种类全、名气大、年代久、保存好等特点。如大同地区的云冈石窟、华严寺、悬空寺、永安寺；北京的瑞云寺、灵泉寺、潭柘寺、戒台寺、灵岩寺、灵岳寺、大云寺、白瀑寺等。它们时间跨度长，自汉唐至明清绵延 2000 多年；种类繁多，不仅覆盖释、道、儒、俗，还包括来自西域的基督教、伊斯兰教；就等级、功能而言，上及皇家寺院，下至与百姓日常生活紧密相关的山神、土地、龙王、马王、虫王、树王、苗王庙等无所不包。还有独具流域特点的永定河河神庙、采煤者供奉的窑神庙等。如此悠久、繁多、迥异的宗教文化实体，反映了永定河流域文化的多样性和发展的持续性。

永定河流域拥有灿烂的民艺、民俗文化，它们具有古朴的历史风貌和浓郁的地域特色。永定河流域的民间文艺和民俗文化既具流域共性又有各地特色，呈现多种形式时空交织、相互辉映的状态。花会、幡会、秧歌、锣鼓、社火等，本是中原农耕民族的节庆活动，在永定河全流域同样盛行，但融入了很多北方草原民族热烈、奔放、雄浑、大气的风格，内容和形式都有游牧民族生活的印记； 同样是社火，河北蔚县的打树花、拜灯山，涿鹿的绕花，门头沟的台火，等，呈现火树银花的方式各有不同但都反映了对火的礼赞，既有草原民族以火驱兽习俗的保留，也体现了流域内采煤、冶矿业的发达。由于地理环境相对封闭，永定河流域的民间戏曲大都流传久远，有些还被称为古代音乐的“活化石”。京西太平鼓、浑源扇鼓和云胜锣鼓等民间鼓乐舞，包含了远古时期北方民族粗犷豪放、爽朗大气的性格特征。永定河流域的民间艺术与民俗文化既有历史的沉积和延续，又呈现出不同历史时期各民族文化元素流布和途经的影响与痕迹，这正是永定河这个文化走廊所具有的独特气象。

永定河文化，是京津冀协同发展的天然纽带

地缘相接、人缘相亲、商路相连、文脉相通，自古以来商贸与文化通道的优势，使永定河成为一条联系京津冀晋蒙的天然纽带。从上游到下游，从远古到当今，其文脉绵长，延续不断，见证了华夏民族融合发展的历史进程，体现着各个历史时期不同民族文化发展的成果精髓，永定河俨然是一条贯穿京津冀晋蒙的文化大动脉。

随着各地对区域生态治理及文化保护的重视，以文化为轴线带动区域协同发展也变得越来越切实可行。从全流域视角认识永定河文化，借助文化资源的整合来谋求京津冀等地的联动与合作，将为实现全流域生态保护和可持续发展、夯实区域协同的文化基础，提供长远动力。而从文化入手保护和治理永定河流域生态，更是站在国家战略高度的深远布局之举，是在更大格局、更广视野中审视永定河的文化价值，发挥永定河流域山水同源、文化同脉的优势，为提升整个流域的社会发展水平注入灵魂和永恒的动力。

随着《京津冀协同发展规划纲要》《永定河综合治理与生态修复总体方案》以及新的《北京城市总体规划（2016—2035年）》等一系列规划方案的提出，永定河文化的传承发展迎来了千载难逢的历史机遇。永定河文化带的建设串接起京津冀的文化联系，带动了全流域的综合治理，在实施京津冀一体化和“一带一路”的国家战略中，构成了一个完整的京津冀文化发展圈，其特殊价值和巨大效益值得期待！

永定难定

——永定河河道变迁

文/王洪波

永定河自三家店出山以后就进入了华北平原，河道展宽，坡度变缓，河流流速骤减，于是大量泥沙开始在河床淤积，填塞河道，一遇汛期极易形成水灾并导致河流迁徙。虽然自清康熙三十七年（1698年）永定河筑堤以后河道基本固定，形成如今下游地区狭长形的流域形状，但历史时期永定河迁徙范围很广，西南至白沟，东北至清河，受永定河影响区域西至白洋淀，东至北运河，南至大清河。

四大故道，南北展布

根据北京地区古河道研究，今天北京小平原存在4条永定河古河道，由北向南分别命名为“古清河”、“古金钩河”、“古㶟水”和“古无定河”。“古清河”从石景山流向东北，经西苑、清河镇到温榆河，今海淀清河即永定河故道的遗存。对仓营（清河镇东南）东“古清河”砂层中采集到的树干进行碳-14年代测定，结果显示距今7200年左右。“古金钩河”是永定河出山后向东通过今北京城区的一条古河道，北界从紫竹院附近向东，经动物园、德胜门、东直门、麦子店、辛店、驹子房一线，而南界从右安门向东，经陶然亭、贾家园、东八里庄至董村一线，年代和“古清河”相当或稍早。此外，“古金钩河”之上叠加有“古高梁河”，年代在距今4000—1800年之间，由石景山经“三海”到亦庄，为永定河的干流或干流之一。

永定河门头沟区铁路桥 / 全景视觉供图

“古漯水”河道的测年结果为距今1400年左右，恰好与北魏时期《水经注》记载的相对应，北界从八宝山起，向东南经羊坊店、天宁寺、海户屯、鹿圈村至佟家庄一线；南界从黄土岗往东，经南苑、忠兴庄、青云店到伙达营，今丰台凉水河部分河段即古漯水河道遗存。“古无定河”是永定河向南流的一条故道，其东界从黄土岗往南，经西红门、团河村到田各庄，西界从卢沟桥向南，经永和庄、黄村、庞各庄等地。

沧桑屡易，不断南迁

有迹象表明，历史时期永定河的迁徙摆动有从北到南的渐进过程：商以前，永定河出山后经八宝山，向西北过今昆明湖，入清河，走今北运河出海。其后约在西周时，主流从八宝山北南摆至今紫竹院，过积水潭，沿坝河方向，汇入北运河，顺流达海。春秋至两汉间，永定河自积水潭向南，经北海、中海斜穿出内城，经由今龙潭湖、萧太后河、凉水河注入北运河。成书于东汉三国年间的《水经》中说永定河“又东出山，过广阳蓟县北，又东至渔阳县西入笥沟”，记载的正是这一河道的情形。

北魏隋唐时期，永定河已移至北京城南，即由石景山南下到卢沟桥附近再向东，经马家堡和南苑之间，东南流经凉水河，汇入北运河。这就是北魏郦道元著《水经注》时看到的河道情形，因此他说《水经》记永定河“过广阳蓟县北”是“盖经误证矣”的。其实不是《水经》记错了，而是河道又发生了迁徙。

唐以后，卢沟桥以下永定河主要分为两支，北支仍走马家堡和南苑之间，即北魏漯水故道。南支经固安、永清以北，被称为桑干河，宋代《太平寰宇记》“固安县”下记载张华冢时称：“今有张华村，临桑干河”。张华村这一村名，至今还在使用，就位于大兴与固安交界地带。金代开始，随着北京都城地位确立，永定河主流由东流改向东南流。元代见于记载永定河下游河道有3支，一支为宋辽时期永定河故道，东流经凉水河入潞河。另外两支河道，北支在大兴、武清县间，由大兴，至安次，再南入武清县界，整体呈东南流向，与今天凤河形势相符。《元史·河渠志》中对永定河决口、筑堤情形有较详细记载，文中出现的决口地点、筑堤地点均集中在这一河道上。另一条支流在固安州西20里，东入州境，南流于霸州，与拒马河汇合，这是新出现的向正南方向流的河道。

入明以后，永定河下游河道迁徙进入了一个新的阶段，主流由东南流改为南流，永定河向南汇入大清河。《北平图经志书》记载永定河东南至看丹口，冲决漫散，遂分而为三：其一从大兴县界至潮州北乡新河店，东北流，达于高丽庄，入白潞河；其一经大兴县清润店（今青云店），过东安县；其一南过良乡、固安、东安、永清等县，入霸州，汇于淀泊，出武清县，南入于小直沽，与白

地铁 S1 线从永定河河道上方穿过 / 北京电视台供图

潞河合流，入于海。这3支河道中，北支大致为北魏时期永定河㶟水故道，东南流经大兴青云店、东安的河道为金元时期永定河河道，南过良乡、固安，至霸州的河道为永定河新出现河道，也是这一阶段永定河主流所在。

自明代至清康熙三十七年（1698年）间永定河下游主流河道在西至涿州，东至武清之间迁徙不定，文献称其“溜走成河，淤停为地，京南霸北涿东武西皆其故道，数百里内任其游荡迁折”，就是讲永定河在今北京以南、霸州以北、涿州以东、武清以西迁徙不定。向西南曾摆动至小清河、白沟河一线，东面曾夺龙河、凤河河道。河道“时雨浃旬，辄复冲决”，“桑沧屡易，故道难寻”，下游多条河道并存，主流迁徙无常，很多河道没有或仅有极简略记载，今固安、霸州一带南北向的大沙河、牤牛河、太平河等河道均曾为永定河流经。由于永定河下游河道由原先东流或东南流汇潞河，改南流汇大清河，于是两河交汇处形成了栲栳圈、津水洼、高桥淀、三角淀等一连串淀泊。

康熙治河，始名永定

鉴于越来越严重的水灾威胁，清朝康熙三十七年（1698年），对卢沟桥以下河段进行了大规模的治理，自良乡县老君堂旧河口起直达三角淀，“筑南、北堤百八十余里，赐名永定”。北岸自张庙场（今章客村附近）至永清卢家庄，南岸自老君堂旧河口至永清郭家务。

自康熙三十七年（1698年）至清末的200多年间，永定河大堤在康熙所建大堤基础上不断加高培厚，郭家务以北河道主流基本被束缚在堤内，间有决溢也迅速堵闭。永清以南康熙年间未筑堤防，乾隆以后虽有堤防修筑但南北大堤相距四五十里，成为永定河尾闾散水匀沙之地，尾闾河道在此频繁迁徙。自康熙三十七年（1698年）至清末，尾闾河道见于记载的迁徙共有16次。随着河水奔流的泥沙向下游地区继续淤垫，自清中期至民国年间，固安县境、霸州东境、永清县东南境、东安县南境以及武清县西南境等区域内，原有众多大大小小的淀泊，成为永定河泥沙的消纳场，结果是陆续消失而变成陆地平川。

1939年7月，永定河流域连续暴雨，固安县梁各庄左堤漫溢决口，河道脱离经行200余年的三角淀地区，北移至北遥堤以北和京津铁路护路堤间东流。1970年，屈家店以东开挖永定新河，经宁河、塘沽，东流到北塘附近与潮白新河、蓟运河相汇，入于渤海，最终形成今天永定河下游河道形势。

总结起来可以看出，历史时期永定河下游河道迁徙具有明显的阶段性、方向性，下游河道经历了东行—东南行—南行—东南行的演变。同时河道迁徙存在3个比较明显的枢纽，分别为石景山—卢沟桥、北蔡—辛庄、郭家务—双营。迁徙枢纽也存在一个南徙的过程。金元及以前时期，河道迁徙大致以石景山—卢沟桥为顶点。明代至清康熙三十七年（1698年）间，河道迁徙枢纽南移，至北蔡—辛庄附近。此后，永定河再次南移至永清东南，大致以郭家务—双营为顶点。

永定河下游河道的迁徙，既有特定的自然地质背景，更深受人类活动影响。从自然地质背景来看，河道迁徙枢纽与地质活动断裂带在空间上具有良好的对应关系。3处枢纽点分别对应3处活动断裂带。其中石景山—卢沟桥附近存在八宝山—高丽营断裂带，北蔡—辛庄与南苑—通州断裂带相对应，郭家务—双营附近为永清—武清断裂带。

从人类活动来看，金元以来，随着北京城市地位的不断提高，为了防范永定河洪水的威胁，人们开始不断修筑和加固石景山—卢沟桥河段的东岸堤防，使永定河出山后很难向东和向东北流。在人类活动强有力的干预下，永定河由卢沟桥下流向东南，主流再也没有北迁，导致了永定河迁徙枢纽的下移——石景山—卢沟桥迁徙枢纽消失，河道迁徙集中在北蔡—辛庄附近。康熙三十七年（1698年）的永定河治理工程，导致了永定河迁徙枢纽的再次下移——北蔡—辛庄迁徙枢纽消失，河道迁徙集中在郭家务—双营附近。

总之，近1500年来，在北至凉水河、西至今小清河—白沟之间的扇形地域内，永定河的改道泛滥，时常发生。今凉水河、凤河、龙河、天堂河、永定河、小清河等，都曾是它的故道。随着一次次的泛滥，永定河把大量的淤泥铺撒在这片区域内，使其不断沉积和加高，渐渐形成沃土良田，但也给人们造成了诸多生命财产的损失。

历史上永定河多次改道，颐和园昆明湖便位于永定河故道上 / 壹图网供图

名称更迭，见证沧海桑田

文/吴文涛

永定河主河道并不是很长，但曾用名却非常多。在不同历史时期有着不同的名称，同一时期也有着多种称呼，可以说，它是北京地区拥有最多曾用名的一条河。

隋唐及以前的永定河名称

先秦典籍《山海经》中称永定河为浴水，《汉书·地理志》称它为治水。据谭其骧先生考订，浴水即治水，有可能是因字形相似而传抄致讹，也有可能是因读音相近而用字有别，其中以治水为多，指的就是今天的永定河。东汉时许慎写的《说文解字》中又称其为㶟水："㶟水出雁门（郡）阴馆（县）累头山，东入海，或曰治水也。"

在三国时期的文献中，又称其为高梁河。魏齐王嘉平二年（250年），镇守蓟城的军事长官刘靖率领将士堆造戾陵堰、开凿车箱渠，导引高梁河绕蓟城北面而过，用以灌溉农田，取得了很好的成效。为表彰他的功劳，当时的人们为他树碑立传，刻石纪事。相关碑文和遏表被北魏时期郦道元著的《水经注》给辑录了下来，其中就讲道："高梁河水者，出自并州"，这出自并州（今山西）的高梁河就是㶟水。可见，高梁河也是当时㶟水的别称。

直到魏晋南北朝，仍多称㶟水。三国时《魏书》中"㶟"写作"灅"。北魏郦道元的《水经注》中专有《㶟水》篇（有的版本的《水经注》误作"湿水"），其中，㶟水

位于北京市门头沟区永定河畔的永定楼，其设计灵感来自黄鹤楼 / 北京电视台供图

俯瞰永定河蜿蜒曲折的河道 / 北京电视台供图

永定河通过官厅山峡的河段 / 尤书英 摄

流出西山后的河段称为清泉河："灅水自南出山，谓之清泉河"；灅水上游则别称桑干河："清泉河上承桑干河"。关于"桑干"之名的由来，《水经注》做了进一步解释：一是源自桑干泉，桑干泉由阴馆县（今山西朔州夏关城附近）西北汇入，有"上下洪源七轮"，泉水喷吐，浪花涌动，状如水沸，故称之为溹涫水（溹涫，指水面沸腾状），进而音转为桑干水、桑干河。

到隋唐，今永定河上、下游通称为桑干水或桑干河。如《隋书》之《礼仪志》记载："大业七年（611年），征辽东，炀帝遣诸将于蓟城南桑干河上，筑二坛，设方壝，行宜社礼。"《旧唐书》的《韦挺传》中记载，唐太宗为征战辽东而命令大臣韦挺筹运粮草，其中有"（韦）挺至幽州，令燕州司马王安德巡渠通塞。先出幽州库物，市木造船，运米以进，自桑干河下至卢思台，去幽州八百里"之句。可见，隋唐时期通称灅水为桑干河。

无论是"溹涫水"、"桑干河"还是"清泉河"，都是水量大、水质清的意思，它们一直沿用到隋唐时期，这说明永定河在相当长的历史阶段是一条流量充沛、清澈美丽的河。事实上，这一时期的永定河不仅有着鱼米之利，还可以逆水行舟，具有舟楫漕运之便。

辽金至元明时期的永定河名称

宋、辽、金时期，既称桑干河，又称卢沟河。《宋史·宋琪传》记载：端拱二年（989年），宋太宗准备攻打辽朝收复幽州，诏令群臣献计献策。有个叫宋琪的大臣就上了一道奏折说："桑干河从西北方向来，绕幽州城西而南转。如果契丹大军攻城，可以在桑干河出山口一带筑堰拦水，使灌入高梁河，高梁河狭窄，桑干河水一定会漫溢；然后再于驻跸寺东引入郊亭淀，只需三五日便大水弥漫百余里，这样幽州城就被隔在水之南……即使敌骑来援，也只能隔水相望了。"这意思就是要将桑干河的水从石景山附近向东引入高梁河再引至东北郊的郊亭淀（今大、小郊亭所在区域），把幽州城隔在水之南，以大水阻挡辽军南进。其中反复提到了桑干河。

唐宋八大家之一的苏辙，写过一首《渡桑干诗》："北渡桑干冰欲结，心畏穹庐三尺雪。南渡桑干风始和，冰开易水应生波。"（见《长安客话》卷四）也是称桑干河。在《辽史》的各种相关记载中也是以桑干河为名，《辽史·地理志》于南京析津府下列有桑干河条目。可见，宋人、辽人都称其为桑干河。但同时又有卢沟河之称："从雄州白沟驿渡河，四十里至新城县，……又七十里至涿州，……六十里至良乡县，渡卢沟河，六十里至幽州，号燕京。……门外永平馆，旧名碣石馆，请和后易之。南即桑干河。"这是《契丹国志》中收录的北宋大臣王曾出使辽朝的《王沂公行程录》，其中就同时出现了卢沟河、桑干河的名称。

金朝时期，上游专称桑干河，而下游开始专称泸（卢）沟河。《金史·世宗纪》记载：大定二十六年（1186年）五月，“泸沟决于上阳村，湍流成河”。《金史·章宗纪》记载：大定二十九年（1189年）六月，“作泸沟石桥”。明昌三年（1192年）三月，“泸沟石桥成”。《金史·河渠志》也载有“卢沟河”专条，但“泸”作“卢”。明朝人蒋一葵在《长安客话》中专门对此考证了一番：“以其黑故曰卢沟。燕人谓黑为卢。”意思是，燕人所谓“卢沟”是因为该河水色发黑，比较浑浊。这种说法，恰好与这一时期永定河河性的变化相吻合。无疑，黑水河是对应于清泉河的，它反映了从辽代开始，河水已日渐浑浊，含沙量增大。到了金代，卢沟河已是“泥淖淤塞，积滓成浅，不能胜舟”（《金史·河渠志》）。也就是从这一时期始，永定河变得易淤易决，屡屡泛滥成灾，成为威胁北京城的害河。

元代以后，北京成为全国统一王朝的都城，城市规模和地区经济发展都跃上了一个新台阶。永定河的名称也进一步复杂起来，除原来的“桑干”“卢沟”之名外，又被称为“浑河”“小黄河”“无定河”等，用得最多的是“浑河”，这直观地反映了河水浑浊多泥沙的特点。也是因为河水泥沙含量增多，导致下游淤积严重，从而使河道常常迁徙改道，才有了“无定河”之称。对此，清朝人包世臣在《记直隶水道》中解释说：“浑言其浊，无定以其系流沙，倏深倏浅而名之也”。值得注意的是，这些名称都是自元代以后才有，而此前的文献记载中从没见到。这些新名称的出现，反映了永定河水文状况的进一步恶化，所以自元朝始，修堤筑坝、防治永定河水患，成为历朝历代京师政务的头等大事。

今名“永定河”的来历

至清康熙三十七年（1698年），才有了“永定河”的名称。《清史稿·河渠志》记载：“永定河亦名无定河，……东南入顺天宛平界，径卢师台下，始名卢沟河，下汇凤河入海。以其经大同合浑水东北流，故又名浑河，《元史》名曰小黄河。从古未曾设官营治。其曰永定，则康熙间所赐名也。”

为何康熙帝赐名？这里有一段故事。明朝以后永定河的水灾日趋严重，尤其到康熙前期，永定河决堤泛滥几次从京城穿过，浊流激荡横扫城垣，对京城的破坏可谓触目惊心。康熙帝首先想到的是挡——筑堤，把洪水拦在京城之外！当然，筑堤并非康熙帝首创，元朝、明朝时就有多次修筑石景山以南至卢沟桥段堤岸的工程，清朝建立后也多次对已有河堤进行修修补补，并禁止堤岸两侧的庄户和佃户私自开沟引水灌田，以保障河堤的安全。但这些都未能消除永定河洪水的隐患。经过多次亲自考察之后，康熙帝终于来了一道大手笔。

康熙三十七年（1698 年），康熙帝命直隶巡抚于成龙负责主导了前所未有的永定河两岸筑堤工程：自良乡老君堂旧河口起，经固安北十里铺、永清东南朱家庄，汇东安狼城河，出霸州柳岔口三角淀，达西沽入海，疏浚河道 145 里，修筑南北大堤 180 余里，赐名“永定”。南北两条百里长堤把狂放的浑河束缚在固定的河道中，这是永定河历史上的巨大转折，从此浑河绕开京城，不再南北迁徙摆动。康熙帝将治理后的浑河赐名为“永定河”，显然是针对此前“无定河”的称呼而取，表达了希望该河永远安流造福的美好愿望。从此，“永定河”这个称呼就被沿用下来了。但其实，永定河真正安澜永定，还是在新中国成立以后，这一方面得益于我国水利事业的巨大成就，另一方面也与整个流域范围内水源急剧减少有关。

沧海桑田，过去的永定河是什么样我们无法看到了，但它的这十几个曾用名却清晰地记载着历史变迁的足迹。从清泉河到浑河，从无定河到永定河，其中，有多少是大自然的造化？又有多少是人类活动使然？这是一个值得我们深思的问题。

利用与防范
——历史时期永定河的开发治理

文/王洪波

作为流经北京地区的最大河流，永定河一直是先民们开发治理的重点。历史上永定河的治理工程留下了可歌可泣、丰富多彩的文化遗产。

嘉渠富民——早期永定河水利工程

历史记载北京地区第一个大规模治理工程发生在三国时期，为曹魏镇北将军刘靖创修的戾陵堰与车箱渠。当时，驻守幽州的镇北将军刘靖，仿效前贤开渠引水、富国强民的壮举，他在实地考察永定河源流与地形后，于嘉平二年（250 年）派遣丁鸿督率上千士兵，在石景山一带永定河分水处筑戾陵堰，开凿车箱渠，将河水东引入高梁河，以此灌溉蓟城以北农田。戾陵堰、车箱渠修筑后，每年灌溉水田 2000 顷[1]，受益土地百余万亩[2]。西晋元康五年（295 年）山洪暴发，戾陵堰—车箱渠灌溉系统被破坏。刘靖之子刘弘继承父志，亲临实地考察山川形势，制定河渠治理方略，率军士 2000 余人修复被山洪冲毁的主堰，改造不敷应用的水闸，恢复了车箱渠的通畅。

北魏至隋唐时期，戾陵堰—车箱渠这套灌溉系统又曾几度复兴。自元康五年（295 年）以后见于记载的河道工程有 3 次，分别为北魏明帝年间裴延儁再修戾陵堰；北齐天统元年（565 年）幽州都督斛律羡导高梁水，

1. 顷：地积单位，1 市顷 ≈ 66667 平方米。
2. 亩：地积单位，1 市亩 ≈ 666.7 平方米。

北合易京水以灌田；唐永徽年间幽州都督裴行方引卢沟水灌田。这3次工程均围绕永定河下游的农田水利展开。

安危所系——金代以后永定河堤防建设

金贞元元年（1153年）迁都中都，北京从此成为国家都城所在。石景山至卢沟桥段永定河一旦决口就会对都城构成严重威胁，因此金代开始永定河的治理重点转向堤防建设。金大定二十五年（1185年）、明昌二年（1191年）、明昌四年（1193年）均有筑堤的记载。元代对永定河洪水威胁有更加清晰的认识："此水性本湍急，若加以夏秋霖潦涨溢，则不敢必其无虞。（京城）宗庙社稷之所在，岂容侥幸于万一"，也就是说永定河的治理事关宗庙社稷的安危，不能存有任何侥幸心理。元代不仅加强了石景山至卢沟桥段堤防，卢沟桥以下大兴、东安、武清亦有修筑堤防的记载。

明代永定河石景山至卢沟桥河段仍是堤防修筑的重中之重，永乐年间即屡屡修筑。正统元年（1436年）明王朝征发两万余工匠修筑卢沟桥一带河堤，并全用条石筑就，高二丈[1]三尺[2]，宽也为二丈三尺，两万工匠用时大半年只修了五六百米长，坚固程度可见一斑。为加强保护，还专门设置"守护者二十家"，为求取神灵庇佑"建神祠于上，有司以时修祠礼"，赐名固安堤。这一段堤防的修筑，遏制了永定河卢沟桥段向东北方向的摆动，极大保卫了北京城的安全。嘉靖四十年（1561年）再修卢沟桥堤1200丈，同样是"累石重甃"，这一段堤防一直到清代光绪年间还在使用。除石景山至卢沟桥这一重点河段外，明代固安、霸州、永清附近永定河沿岸也修筑了诸多堤防，见于记载的主要有沙城堤、杨先务堤、杨木厂堤、黄垡口堤、临津堤等。

更名永定——清朝时期的治理

清代是封建时代永定河治理的巅峰时期，河道治理更加全面、系统、专业。康熙三十七年（1698年）永定河决口，康熙帝亲临阅视，坚定了根治永定河的决心，他命于成龙大筑堤堰，疏浚兼施，成为永定河治理史上的标志性事件。此次工程主要有3部分，一是疏浚河道，即"挑河"，自良乡老君堂至安澜城河，共疏浚河道145里。二是筑南北大堤，大堤又分为两部分，一为土堤，北岸自张庙场至永清卢家庄，长102里余；南岸自老君堂旧河口至永清郭家务，长82里余。另一部分为沙堤，北岸自卢沟桥南石堤至立垡村长22里，立垡村以下地势较高，故康熙三十七年（1698年）时未筑堤，后于康熙四十年（1701年）接连筑大堤；南

1. 丈：长度单位，1市丈≈3.3333米。
2. 尺：长度单位，1市尺≈0.3333米。

永定河故道——卢沟桥日落 / 全景视觉供图

岸自高店村（今高佃村）至老君堂接连筑土坝，长 35 里。三是在旧河口建竹络坝，使小清河与永定河并流东注，用小清河清水冲刷永定河浊流。

康熙帝不仅是永定河治理的决策者，更是河道治理的具体指导者。“筑堤束水，以水攻沙”是康熙年间永定河治理最基本的策略。在认识到永定河含沙量高，善淤喜徙的特性后，康熙帝谕示永定河治理具体执行者河道总督王新命，治理永定河必须要让河身又深又窄，束水使流，借用河水的力量冲刷河身。在大堤筑成第二年，永定河入三角淀的狼城河河段已经出现淤塞，康熙帝仍坚持“筑堤束水”理念，在上谕中明确要求修治时将河口修窄，渐次放宽，于两边筑高大堤防，则水势迅急，泥沙自不能停住。

乾隆年间清政府调整了永定河治理策略，沿永定河修筑了多处减水闸坝，在永定河南北两岸开挖了众多的减河，分泄永定河汛期洪水，乾隆以后永定河下游南北两岸共筑减水坝 17 座以减泄永定河汛期洪水；每座减水坝下均开浚减河，减泄下来的永定河洪水，或入三角淀、凤河，或入大清河。闸坝—减河系统的建立，充分利用了康熙以来的永定河堤防工程以及历史时期永定河故道。此后清代永定河的治理，基本是在康乾年间基础上的完善。

莲石湖公园内的京城历史水系景观图 /cnsphoto 供图（李文明 摄）

管理制度——机构、经费与追责

与永定河复杂的堤防系统相配套，清政府还建立了完善的永定河管理体系及相应的经费保障制度。康熙三十七年（1698 年）永定河大堤修筑完成以后，为改变以往重修建轻维护的弊端，康熙帝着手在永定河下游建立专门的河道堤防管理体系。雍正四年（1726 年），将永定河分司改为河道，驻扎固安县，总理永定河事务。此后直至清王朝覆灭，永定河管理机构虽有调整，但大的格局并没有变化。

康熙三十七年（1698 年）筑堤工程完工后，为维护永定河下游数百里长的大堤，清政府每年下拨一定数额的河道治理经费。雍正四年（1726 年）永定河河道设立，怡亲王上奏对永定河每年治理经费的额度进行了规范化。嘉庆六年（1801 年）永定河大水后，大幅度提高了岁修、抢修金额，此后永定河治理经费继续增加。

值得一提的是，为保障永定河大堤工程质量，清政府还建立了追责制度。规定相应河段的管河官员若 3 年没有过错，永定河也未发生决口的话，即行报部议叙，以应升之缺即补。倘 3 年之内有冲决之处，着落相应负责官员的家产进行赔补。

总之，历史时期永定河下游河道治理活动有明显的不断增强的趋势。金元之前永定河下游河道治理重点在于水利开发，未见筑堤活动记载。金贞元元年（1153 年）海陵王迁都燕京，永定河距京城不远，地势较京城高出数十米。汛期洪水成为京城安全的严重威胁，因此石景山至卢沟桥河段大筑堤防。康熙三十七年（1698 年）永定河大筑堤防，此后永定河下游河道治理日益系统化、制度化。从工程措施上，一方面不断加高培厚永定河大堤，以达到筑堤束水的目的，并将小清河、南苑清水引入永定河以蓄清刷浑，在河流险工所在又修筑减水坝，疏浚减河，分泄汛期盛涨洪水。从制度上，建立了永定河道—同知、通判—汛员自上而下，责任清晰的管理制度。每年投入大量人力、物力、财力进行永定河大堤的岁修、抢修。因此，康熙三十七年（1698 年）以后的 200 余年间永定河下游河道未再发生大范围的迁徙。

永定河上的彩虹
——卢沟桥

文／魏宇澄

卢沟桥上的石狮子／壹图网供图

永定河是一条古老且多名的河流，唐、宋、辽、金时期，永定河既称桑干河，又有“卢沟河”之称，卢沟桥因河而名。

卢沟桥是北京现存最古老的一座石造联拱桥

大定二十八年（1188年）五月，金世宗提出在卢沟河上建石桥；大定二十九年（1189年）金章宗命建桥，并于明昌三年（1192年）完成。《金史·河渠志》记载：卢沟桥成，敕命名“广利”。此桥自建成便有两个名称，人们习惯称之为“卢沟桥”，至今广为人知，而“广利桥”则记载于历史文献之中。

卢沟桥连桥塊全长266.5米，宽9.3米，有桥拱11个、栏板279块、望柱281根，桥面由花岗岩铺砌，桥的东、西端各有一对华表，华表云板上的吉祥云纹生动飘逸。

永定河流域自然条件和社会条件复杂，在一定历史时期内，永定河是水患频发的河流之一。据《卢沟桥》记载：为使桥墩的基础坚固实用，卢沟桥的建造者使用了“铁柱穿石”的打造技术，将数根粗大的铁柱打入河底的卵石层中，上面穿入巨石连为一个整体。周围以巨大的石板围住，防止水流冲积。这种做法相比古代桥梁大多使用“插柏为基”的建造方法要更加坚固。桥墩设计还充分考虑了分水的功能，其平面呈船形，前端迎水方向砌成楔形分水尖，后端如船尾。一旦洪水来临，桥墩的分水功能可以迅速使水流分流，减轻激流对桥梁的冲击。每当春季，永定河容易发生凌汛，桥墩分水尖上设计有三棱铁柱，可以有效击碎冰凌，以保证浮冰通过，故俗称“斩龙剑”，可谓巧夺天工。

卢沟桥不仅体现了高超的建桥技术，而且有很高的艺术造诣。早在13世纪，意大利著名旅行家马可·波罗曾到过这里，赞叹道：“各处桥梁之美鲜有及之者”。卢沟桥的美名随之漂洋过海。尤其是卢沟桥上的石狮工艺精美，造型各异，数量众多，堪称中国古桥建筑中的一绝。明代《帝京景物略》中描述其景：“石栏列柱头，狮母乳，顾抱负赘，态色相得，数之辄不尽。”一直以来，“卢沟桥的狮子数不清”的说法广为流传，众多姿态不同、神情各异的石狮子集中在一处建筑物上实属少见。历经800多年的风雨，卢沟桥上的狮子可谓是多世同堂，保留下来的石狮子已是经过几代的修缮增补，各个时代的雕刻艺术在此绽放异彩。

这是一座厚重历史和文化托起来的桥梁

在卢沟桥，每块石板都像是一本厚重的书，记录了大桥的沧桑历史，留下了壮怀激烈的悲怆，也镌刻着马帮驼队的足迹，至今人们似乎仍然可以听到那悦耳的驼铃声响。

在卢沟石桥建成以前，一直由浮桥或木桥连接华北平原和北京小平原，金时修筑卢沟石桥，连接起两岸古道，成为出入京师的要道。北京有民谣：“前门楼子修得高，菜市口人多闹吵吵，彰仪门外石头道，大井小井卢沟桥，卢沟桥有十一孔，东头狮子西头象，长辛店街五里长，二十五里到良乡，良乡塔、半山坡，过了窦店琉璃河，琉璃河一道沟，三十五里到涿州。”这首老北京民谣描绘的便是一幅自前门经卢沟桥到涿州的南行路线，清雍正、乾隆期间在前朝古道的基础上修建御道，清代西陵御道和戒坛寺御道皆经过卢沟桥，皇帝南巡也会走此道。

卢沟桥曾是永定河上的一处重要渡口，也是商品货物的集散地。煤炭、木材等从这里运往京城及其他各地。徜徉在卢沟桥上，在石板铺就的桥面上会看到意在表现历史的坑坑洼洼的一些车辙，显然这些车辙是由工匠打磨的。虽然这种打磨颇费工夫，但是没有时间的打磨，呈现的只是印记，却没有沧桑。但是，好在它可以提示人们去思考过去，询问历史。听老辈人说，过去从宛平古城前往卢沟桥的石板路上，一道道的车辙深可达十数厘米，十分震撼。

“卢沟晓月”自金以来便被列为燕京八景之一，古桥本身是构成这一意境的主体，远山、近水、晓月，相互映衬，“卢沟晓月”是一种意境，也是过往行人的心境。卢沟桥所在地是永定河上著名的古渡口，络绎往来的人们，或进京或出京，“未晚先投宿，鸡鸣早看天”，当他们站在桥头，内心不免掀起涟漪。

漫步在卢沟桥，可看到古朴的石板路面，姿态各异的石狮，在桥的两端各有一对高耸

康熙八年（1669 年）的碑文 / 魏宇澄 摄

的石制华表和清代的御制石碑，显然这些珍贵的历史遗迹已融为一体。

清代的御制石碑有两座建于康熙年间，东桥堍北侧有康熙八年（1669 年）重修卢沟桥碑，在 4 座石碑中最为高大，气势非凡。碑首龙纹，底座赑屃，高达 5.78 米，碑文是康熙帝御笔，是康熙七年（1668 年）河水泛滥，冲毁部分石桥及修复的记载。在桥西端的雁翅北侧，有碑亭，碑亭四角是龙纹石柱，碑首是双龙纹，须弥座为二龙戏珠，是康熙帝在康熙四十年（1701 年）视察永定河所立石碑。

康熙帝主政期间，国家渐次平定，治河问题摆到议事日程。在北京中华世纪坛的青

卢沟桥头乾隆御笔的《卢沟晓月》碑 / 魏宇澄 摄

铜甬道上，有两处记述了康熙帝治理永定河："公元 1698 年戊寅，清圣祖康熙三十七年玄烨巡视河工，改浑河名为永定河；公元 1700 年庚辰，清圣祖康熙三十九年，玄烨以治河为要务，多次巡视永定河工程。"康熙时期对永定河的全面治理载入史册。

卢沟桥还有两座乾隆碑，一座在卢沟桥西端的雁翅北侧，记载的是乾隆五十年（1785 年）修葺卢沟桥的经过。据有关史料记载，卢沟桥自建成后，在历史上曾有过多次维修。另一座在桥东与康熙碑为邻，是乾隆帝御笔——《卢沟晓月》碑，碑阴是乾隆帝所作的《卢沟晓月》。这座出自清朝第四代皇帝的杰作，也是现在人气最旺的景点。

据有关史料载，乾隆帝在执政期间曾多次到过卢沟桥。在其御制诗中，涉及永定河、卢沟桥的诗作有数十首，无论是诗人，还是执政者，都是绝无仅有的。阅读其有关诗词，有的是路过卢沟桥，有的是祭祀永定河河神，有的是专程巡视永定河河工，也有的是督臣上疏之后的即兴之作，时间跨度大、内容丰富、涉及面广、纪实性强，不仅有描写景致的诗句，还有大量描写水文、水患、治水工程、治理方略、祭祀礼佛、对治河人员的褒奖以及治河功绩等。在其诗词中，我们还可以体会到一代天子的治河思想和情绪变化，无奈、忧虑和喜悦都充满其作品之中。这些诗词为永定河文化留下一份珍贵的遗产。

站在卢沟桥四下望去，河水宽阔而宁静，西山如黛，连绵不断，每个角度都是一幅幅绝佳的风景画。位于卢沟石桥以北有著名的卢沟铁桥，这里曾于 100 多年前建成北京第一座钢架结构的跨河大桥。现在的这座大桥已经不是原物，几经更换和加固、重修，但是它那浑厚的钢铁之身，让我们仍可以感受到它曾经的艰辛与辉煌。

卢沟桥是一个值得人们铭记的地方

卢沟桥的桥东有遐迩闻名的宛平城，“宛平”取自东汉刘熙所撰《释名》：燕，宛也，宛然以平之意。宛平古城原名“拱北城”，后为“拱极城”，明崇祯十三年（1640 年）建成，1928 年国民政府迁往南京后，北京改名北平，宛平县衙移此，始称宛平城。宛平城，为京南门户，畿辅要地，明、清两代，这里均为驻兵之所。

宛平城只有东西两门，沿着青石铺就的地面信步，从东门到西门，街道两侧是仿古建筑的样式，1984 年国家拨专款修复宛平城，酒肆、商铺、茶楼、古玩字画的店铺以及庙宇再现古城的古风古貌。

1937 年“七七事变”，卢沟桥的枪声打破永定河畔的安宁。以此为标志，抗日战争全面爆发，卢沟桥以中华民族坚强不屈、誓死反抗外来侵略者的象征载入史册，深深嵌进一个民族的记忆深处。至今，宛平城墙上的弹痕依稀可见，仿佛在无声地向我们讲述那段可歌可泣的故事，而宛平城下、永定河边，有无数抗日勇士在这里长眠。

1961 年国务院将宛平城和卢沟桥列为第一批国家级重点文物保护单位。1986 年，在宛平城内，兴建了规模宏大的“中国人民抗日战争纪念馆”。在纪念馆里，珍贵的图片以及各种文物，反映了“九一八事变”至抗日战争胜利这一历程中有关的重大历史事件。这场战争使无数的同胞失去了生命，而中国人民奋起反抗的精神，永远激荡着每一个中国人的胸怀。每天到这里参观的人群来自四面八方，络绎不绝，曾经参加过抗日战争的老战士在这里沉思，回忆抗日战争的艰苦历程，讲述自己的抗战经历和英勇杀敌的战斗故事；青少年来此，以“铭记历史、缅怀

宛平古城 / 魏宇澄 摄

先烈、珍爱和平、开创未来”为主题开展活动；而一批批的企业职员、公务员和解放军战士来到这里，举行祭奠英烈或重温入党宣誓等活动。

如今的宛平城下，永定河涟漪微漾，波澜不惊，古老的卢沟桥显得那么的祥和与安宁，这里曾经发生的一切已然渐行渐远。然而，来到这里的每一个人心情都不会平静。“多情最是芦沟月，犹照英雄肝胆鲜”，人们感叹历经 800 多年的风雨，凝结着前人思想和智慧的卢沟桥依然挺立着坚强的身躯，而抗击日寇的呐喊声和枪炮声，依然会在我们的耳畔响起。正如许地山在《忆卢沟桥》一文中所说，它是多次系着民族安危，“纵使你把桥拆掉，卢沟桥的神影是永不会被中国人忘记的”。

卢沟桥就像永定河上的一道年轮，收藏的是一段历史，充满了起伏跌宕；又像是一道不落的彩虹，历经 800 多年的风雨依然瑰丽，成为永定河上永远的风景。

齐心协力，让永定河生机再现

文／吴文涛

永定河的治理，关系到城市生态安全与防洪、供水的大局，一直是北京地区水利事业的重点。尤其是进入 21 世纪以来，人们对永定河与北京城的关系进行了深刻反思和重新认识，开始从生态和文化的战略高度审视永定河的重要性，重新全面制定永定河流域的发展规划，从而开启了永定河再生计划，唤醒了古老母亲河的勃勃生机。

拦洪蓄水，缚住苍龙

历史上，永定河的洪水泛滥给人们留下了挥之不去的阴影，根治永定河洪患一直是沿岸人民的殷切期盼，筑堤防洪历来是施政者的重要工作。近代以来修建水库拦蓄洪水的方案，在新中国成立后得以逐步展开。

1951 年 10 月正式动工修建官厅水库，至 1954 年 7 月交付使用，蓄水运行。官厅水库成为新中国第一座蓄水量达 10 亿立方米以上的大型综合利用水库，控制了永定河流域面积的92.3%。1987—1989 年扩建后，总库容达 41.6 亿立方米，设计防洪标准为千年一遇，成功拦蓄大于 1000 立方米 / 秒的洪水共计 8 次，消减洪峰 70%~90%，有效减轻了下游的洪涝灾害。此外，北京境内还修建了斋堂水库、苇子水水库等，上游张家口、大同地区在永定河的干支流上也修建了一系列水库，如友谊水库、册田水库等。

卢沟桥至三家店段的永定河左岸堤防，是北京城的安全保障。为排除隐患，从 1967 年到 1983 年进行了 7 次加固、延伸和治理。尤其对永定河频繁摆动淤浅的卢沟桥至梁各庄（属河北省固安县，隔永定河与大兴相望）

从空中俯瞰斋堂水库自然风光 / 北京电视台供图

河段，进行了“三固一束”的重点整治。分洪滞洪工程建设，首推1985—1987年完成的卢沟桥分洪枢纽工程，包括在卢沟桥以上新建永定河拦河闸、改建小清河分洪闸、扩建大宁水库为滞洪水库。

经过这一系列建设和整治，永定河的滚滚洪浪的确被有效地遏制，自1958年以后，基本没有发生过大的洪水。永定河实现了真正的安澜永定，并为北京城的供水供电发挥了显著作用。

治污还清，生态修复

浑流被束，灾患消除，但很快新的危机出现。20世纪70年代后，由于上游地区的发展，人口增加，植被退化，用水剧增；加之气候持续干旱，降雨稀少，上游来水不断减少，永定河三家店以下常年断流；两岸的建筑和企业用地不断将河道侵占；干枯的河床上或堆满垃圾，或留下挖沙采石后的大坑；每到冬春季节，西北风顺河而下形成“风廊”，风沙弥漫，扬尘蔽天，成为危害北京的五大风沙源之一。此外，沿岸厂矿企业肆意地向废弃河道排污，造成了全流域严重的水污染，官厅水库被迫退出城市饮用水供水系统。

从历史上的洪灾频仍，到全流域河道几近枯竭；从曾经的“清泉河”美誉，到浑水、黑水水质严重超标；从中上游的茂密森林，到风沙漫卷的荒山秃岭；从主要的城市水源，到调水回补……永定河在人类的过度索取下，变成了上游水少水脏、水土流失；下游河道断流，河床沙化的景象。永定河的生态退化不仅成为经济发展特定阶段人口、资源、环境矛盾的具体体现，也成为沿线区县经济社会可持续发展的制约因素。

进入新世纪后，人们对于永定河的生态状况和功能定位有了新的认识，意识到对母亲河的保护刻不容缓。国家制定了《21世纪初期首都水资源可持续利用规划》，从抗旱防洪工程、河道及环境整治、水源保护和生态修复、绿色生态发展带等方面全方位对永定河的治理提出了规划，要建设一条安全、清洁、亮丽、和谐的永定河，让母亲河重现生机。北京市相继提出了《永定河绿色生态走廊建设规划》《促进城市南部地区加快发展行动计划》等具体方案。

随着环境治理、生态修复、结构调整和产业升级等一系列改造，永定河渐渐起死回生。如今，门城湖、莲石湖、晓月湖、宛平湖、园博湖、南海子以及永定河畔的多处湿地景观已初具规模，波光潋滟，如明珠镶嵌，不仅为市民提供了良好的游览、运动、休闲和亲水空间，也给沿岸新的经济、文化布局带来了相宜的环境基础。官厅水库到三家店的出库水质也已基本达到了三类水体标准。2010年，永定河又恢复成为北京城区的饮用水源。

门头沟湿地自然风光 / 壹图网供图

北京南海子湿地公园 / 壹图网供图

着眼于京津冀协同发展的全流域治理

随着京津冀协同发展国家战略的实施，永定河的治理进入了一个更加全面和深入的历史时期。2016年，国家发改委、水利部、国家林业局联合印发了《永定河综合治理与生态修复总体方案》(以下简称《总体方案》)，这是北方首个跨省市系统治理河道的文件。《总体方案》提出了“生态景观轴、绿色发展轴、文化休闲轴”三轴合一的理念，旨在加快推进永定河综合治理与生态修复。并根据流域水资源自然条件和生态状况，要求各省市集中利用5~10年时间，逐步恢复永定河全流域生态系统，将永定河打造成为一条蓝绿交织、贯穿京津冀晋的绿色生态廊道。

依此方案，京津冀晋4省市在永定河流域率先推行“河长制”，地方政府成为责任主体，明确分工及年度实施计划。长达740余千米的永定河河道，被划为4段区域。其中三家店以上为水源涵养区、三家店至梁各庄为平原城市段、梁各庄至屈家店为平原郊野段、屈家店至防潮闸则为滨海段。

以文化带建设唤醒永定河之魂

就在永定河流域生态景观逐渐恢复之际，一个居于更高战略格局的规划也已形成。为确立首都全国文化中心的城市战略定位，2017年9月，新的《北京城市总体规划(2016—2035年)》中，明确提出将西山永定河文化带纳入北京历史文化名城保护体系的重要内容。

永定河是一条文化的河，从上游到下游，从远古到当今，其文脉绵长延续不断，成为一条连通京津冀晋灿烂文明的大文化带。这条文化带体现着各个历史时期、不同民族文化发展的成果精髓。其文化形态多样，覆盖了从史前至当代漫长的历史时期；文化遗产和风景名胜区众多，文物保护单位级别高，仅北京就有包括了世界文化遗产、国家级、市级等各级文物保护单位400余处。从文化入手保护和治理永定河流域，这是站在国家战略高度的深远布局，以更大格局、更广视野审视永定河的文化价值，发挥永定河流域山水同源、文化同脉的优势，为提升整个流域的社会发展水平注入灵魂和永恒的动力。这一规划的提出，为保护传承发展永定河文化提供了千载难逢的历史性机遇。

北京市相关部门具体制定了《永定河绿色生态走廊文化规划》，以永定河是北京母亲河的认识为基础，以弘扬、展现永定河文化为主题，以实现永定河文化与绿色生态融合、浑然一体的绿色生态走廊建设为目标，将永定河文化恢复和文化产业发展作为一项重要内容，着力推动文化资源城乡共享、以文化资源为基础的相关产业发展，特别是旅游业的发展，为永定河绿色生态城市发展带建设提供了文化支撑。

新的规划标志着绿色生态理念的回归和

文化精神的复兴，以生态涵养和文化驱动为主题的永定河流域综合治理，不仅将为北京的上风上水带来极大改观，还必将为京津冀协同发展提供广阔而纵深的环境背景和人文支撑。在北京推进全国文化中心建设进程中，西山永定河文化带将日益展现其特殊价值和巨大潜力。不久的将来，永定河流域将凭借其卓越的山水资源与历史积淀，向绿色、低碳和文创发展带跃升，成为生态河道的示范区、林水相依的景观带、流域文化的展示廊、经济发展的新空间，成为中国极具价值、富有活力的发展区域。

山有魂，水有灵，古老的母亲河迎来了新的生命。期待她生机勃勃、青春焕发地再次回到我们的城市中，与我们相依共存！

木

金 木 水 火 土

木生火 火生土 土生金 金生水 水生木

第二章 木

《永定河》第二集
《西山嘉木》

本集导演：朱晓梅 兰天

农历三月，山西宁武县的管涔山，还是一片凋敝，迎面而来的凛冽寒风，穿心而过，但漫山的冰冷，却无法阻挡正在走近的初春的脚步。此时，400 千米外的北京百花山，野生杜鹃热烈地开放了，真正的春天来临了。

亿万年前正是沿着这条山峡，永定河无数次自西向东，切割着南北走向的太行山余脉，须臾推迁、层叠复来，留下了一道长达百里雄奇险峻的通道。这里海拔落差将近 2000 米，物种 3000 余种，形成了华北地区独一无二的自然生态宝库。同时，也孕育了这里 1000 余年的文明与传奇。

京西山茶，灵韵动人

10 世纪晚唐卢龙节度使刘仁恭把持着幽州，也就是今天河北、北京、天津一带，这个中国历史上极为荒唐的一方之主，在位于今天门头沟和房山交界处的大安山上，兴建了豪华的宫殿，豢养美女日夜作乐。为聚敛钱财，刘仁恭命令境内的百姓，上交所有钱币，他甚至禁止了与南方的茶叶贸易，取而代之的是自己开发的一种代茶植物。《新唐书・刘仁恭传》记载："（节度使刘仁恭）禁南方茶，自撷山为茶，号山曰大恩，以邀利。"那么这种可以替代茶叶，成为刘仁恭横征暴敛资本的植物，究竟是什么呢?

据《资治通鉴》记载，这种神奇的植物，有着严格的采摘时间，一直延续到了今天。

仲夏时分，凌晨 5 点，门头沟清水镇的采茶女工们就骑马上山了，这个时节的灵山正是草木芬芳的季节，她们要赶在日晒之前，采收一种叫作野毛尖的贴地植物。

野毛尖药用价值丰富，长在富含铁质、石土混合的山体中，叶片肥厚，喜欢湿润，生长区域非常有限，只有在崇山峻岭，海拔 1500 米以上的山坡才能找到。

当日清晨，翻山越岭辛苦采摘的野毛尖，还必须马上进行工艺繁复的加工炒制，从洗茶、烘干、翻炒，到杀青、提香、炒制一共 6 道工序，才能彻底释放它独特的清

百花山自然保护区山花烂漫时的美景 / 全景视觉供图

香，同时保留足够的养分。盛夏季节，一杯清茶，更能消暑去火，静心养气。这一口山茶和灵山的泉水融汇后的醇香，似乎穿越了千年，萦绕世人心间。

西山嘉木，造就都城

1267年，随着大木轰然倒下的声音，西山一直以来的安静被骤然打破，元朝开国皇帝忽必烈决定营建元大都，也就是现在北京城的雏形。有人曾盛赞，元大都是完美世界的初点，其规划胜于任何一个国家、任何一个文明所建立的都城。但令人遗憾的却是很难在今天的北京，找到哪怕一点儿元朝木质建筑的痕迹，我们只能通过史料，对这个曾经庞大而发达的都城，窥见一二。

北京白塔寺是为数不多保存至今的元朝建筑。《元史》记载，忽必烈曾亲自下令修建了一座大圣寿万安寺，这座寺庙的范围，是由塔顶射出弓箭的射程而决定，面积达到了16万平方米，光是所用的西山大木就已达到了58600根。在《析津志辑佚》一书中，描述元大都修建的寺庙、道观、宗庙、贤祠等，多达200多处，保守估计需要五六百万根西山大木，这还不算营建的皇家宫殿、百姓居所、城市基础设施，这么多的木料是如何运往都城的呢？

西山伐木复原图 / 北京电视台供图

在今天石景山首钢老厂区和阜石路、四平山、黑坨山之间的地表下，埋藏着营建元大都最为重要的一条人工运河——金口河。1265 年，郭守敬提出恢复金中都时期的金口河，事实证明这是历史上 3 次开凿金口河之中，最为成功的一次。西山的木材源源不断地运送到了大都城，但出人意料的是，30 年以后，郭守敬竟然主动将这条功勋卓著的运河填埋，这到底是为什么呢？

有人说是因为元大都已经建成，运河没有了存在的价值，但实际上郭守敬有着更深层次的考虑，那就是洪水。为了建都，当时西山的原始森林几乎遭受了灭顶之灾，中上游破坏严重，所以历史上才留下了“大都出，西山兀”的说法。元大都所处北方，冬季寒冷无比，于是西山嘉木的另外一种存在——煤炭，就成为了必须运往都城的民生物资，直到 20 世纪六七十年代，西山的煤炭仍然是北京最为重要的民生物资。

可以说，西山之木，不仅勾勒出了北京最初的生态轮廓，还提供给了北京存活下去的条件，但由于人们对原始森林的攫取破坏，曾经清澈的永定河已然变得浑浊，性情也愈发乖戾而难以捉摸，水患成为了之后几百年的恶果。

祭拜树神，回馈自然

农历八月初七，白露节气，安澜欢庆。当人类面对水患的无能为力，逐渐演变成了祈求上苍的一厢情愿时，无定河的名字就变成了永定河，一字之差，自然许多是内心的自我安慰。每年白露这一天，永定河两岸的所有官员、兵士、百姓都会松一口气，因为这意味着一年的汛期就此结束，恣肆无定的水患退却，收获的日子即将来到。

门头沟小龙门村，祭祀树神的仪式，数百年来不曾改变，“核桃晚打”是永定河山峡村祖先对后代的叮嘱和忠告，因为山里的核桃比平原晚熟，如果贸然上市，必然会导致之后果实的亏欠，于是祖辈训诫必须等到白露时节方可收获。同时，留下树梢的核桃一定不打，要给山里的鸟兽作为冬季果腹的食物，它们如约而来如约而去，根植百年的老树目睹着山峡百姓的苦乐生息，也见证了人与自然相处得出的安忍与敬畏。先人俱往，树荣枯往复地生；山河不老，人仰天敬地地活。

深秋时节，山西省宁武县的针叶林变为金黄色，满眼望去层林尽染，源头的永定河向来温顺平静，但流淌几百千米后，一进幽州峡谷，永定河被急剧地挤压，巨大的水流以惊心动魄的能量劈山穿谷，流向北京所在的土地，永定河不仅冲刷出了北京小平原，还造就了永定河两岸伴生的一切。

永定河河谷中的物产给沿岸子民最无私的关爱，成为人们唇齿间最独特亲切的香甜。而这西山之木千百年来，赏尽闲云，无谓陈情，既可以为栋梁成就都城，也可以生果实滋养百姓。一木有心，静观其变不欲其乱；一木所有，无怨无悔尽付世间。

保护生态，呵护母亲

2012年环绕着园博湖110公顷的水面，人们在7000米的堤岸上种下了手指粗的扦插柳枝180万株。如今，这些幼苗已经变成了绿荫相连的大树，鲜有人知，这些曾经的幼苗经历过什么，洪峰倾泻的巨大压力，长达两个月的灭顶之灾，雨季汇入湖中的污水，这些似乎都无法与柳树顽强的生命韧性，以及天赋的净水能力抗衡，犹如一场每年必然到来的战役，汛期过后，金秋十月园博湖的水体质量，竟依然可以达到举办铁人三项赛的水质标准。

当人们漫步在园博湖边，谁能想到这碧水如画的美景，竟然要归功于这不起眼的柳树呢？

实际上“沿河种柳”是中国传承至今的治水秘籍之一，在今天的永定河金口闸遗址旁还保留着清乾隆年间的堤柳碑，历史上的永定河沿岸普种柳树，因为柳树极易存活，在遇到洪水之时甚至伐倒树木本身，挂柳打桩导引凶猛的水势，而树下生长的灌草可以保证岸坡的稳固，一树之力清水固土，柳树之功绩岂尽是人力。

从2001年开始，国务院将永定河流域定为北京市重要水资源保护区和重要生态功能保护区，如今十几个年头过去了，一条蓝绿交织的生态走廊，三个林水相融的生态节点，三段特点突出的功能分区，成为了永定河畔的新貌。据统计，目前北京的森林覆盖率远超国家标准，在调节气候、水源涵养、水土保持、防风固沙等生态方面，

《永定河》纪录片第二集《西山嘉木》海报

起到了无可替代的作用。

天地间，万物生灵同在；四季变，草木枯荣轮回。草木于人，是江河涵养，是生态护卫，是绿荫，是材料，是果实，是画卷。然而草木即使无心，也永远是人从来不能失去的伙伴。无论大城之上，还是永定之畔，从来不可能是人类的独奏与自白，而是人与自然的合唱和交响！

一座城的生动，是繁华盛景，是喧闹人烟，更有草木无言，身心奉献；一个家的生机，是生息繁衍，是进而向前，更有嘉木如许，守望相伴！

永定河流域，曾满山苍翠

文／李诚

关于永定河流域森林与北京城的关系，民间有谚语云“大都出，西山兀”，意思是元大都的兴建使得西山地区森林被砍伐殆尽。实际上，在北京成为陪都或国都之前，对永定河流域森林已有需求，只是因传世文献较少而仅有零星记载。北京自辽金成为都城以后，对木材的消耗需求急剧上升，大规模的森林采伐便频频见于史载。

永定河流域曾郁郁葱葱，纵观永定河流域内森林植被的变迁，可看出其日渐减少的整个过程及定都北京对林木资源的明显影响。

汉唐时期林木丰饶的永定河流域

从地形图上看，永定河流域内拥有管涔山、恒山、小五台山、海坨山、燕然山（今河北省宣化县东30里）、大马群山、军都山、北京西山等山脉山峰，又有大小不等的山间盆地，比如应县—怀仁盆地、大同盆地、阳原盆地、蔚县盆地、怀安—张家口—宣化盆地、涿鹿—怀来—延庆盆地等。历史时期这些区域内都曾分布着茂密而广阔的森林和草地。例如，据《山海经·北山经》等记载，包括永定河上游地区的今山西、河北西部与西北部、内蒙古自治区中南部一带的山地草木茂盛，主要树种是松、柏、漆、棕、桐、柘、樗、榛、椐、楛等。

《史记·货殖列传》里记载，西汉时期山西地区多产木材。这里的山西泛指太行山以西的广大地区，这表明至少在西汉中期，包括今永定河上游流域在内的山西地区林产富饶，森林植被还是很茂盛的。

在北魏著名地理学家郦道元所著的《水经注》“㶟水”篇中，可看出永定河上游支流如浑水在北魏都城平城（今大同市）附近河流的两岸有各种树木相互交错；武州川水的风光是“林渊锦镜，缀目新眺”；于延水两侧多桑树，故又称为桑河。从这些描述可以看出，虽然历经魏晋十六国的战乱，北魏时期永定河上游流域的林木仍较为丰富。这与北方游牧民族占领永定河上游有重要关系。相较于农耕民族的生产方式，游牧习俗对林草的破坏性较小。

隋唐五代时期，永定河流域的植被情况可从战事中考察。917 年，沙陀部落首领、晋王李存勖派军 7 万驰援幽州，在幽州城西 70 里与契丹相遇。李存勖部将李存审命步兵砍伐西山树木，每人携一根木材，以便于营建军寨，说明当时西山一带森林资源相当丰富。

契丹（辽）陪都对周围林区的采伐

辽在将唐幽州城改为南京析津府后，王公贵族仍保持着游猎传统，而其打猎的地区自然是可为各类动物提供栖息地的森林地带。《辽史》中多次记载了帝王游猎的情形，涉及永定河流域的有穆宗应历五年（955 年）九月“猎于西山”、圣宗统和二十三年（1005 年）一月“猎于桑干河”等。值得注意的是，辽代曾设“南京栗园司”管理栗子园，栗树作为人工培育的经济作物，开始出现在永定河下游地区，成为替代天然森林的经济林木。

宋辽对峙时期，永定河流域除了下游入海口为宋辽边界外，中上游的广大地区为辽（契丹）所有。从历史记载来看，宋辽时期的永定河流域森林植被状况依然保持很好。如《续资治通鉴长编》卷三百七十一记载：“火山、宁化之间，山林饶富，财用之薮也。自荷叶平、芦芽山、雪山一带直走瓦窑坞，南北百余里，东西五十里，材木薪炭足以供一路。”据专家研究，北宋的火山军治所在今山西省河曲县，宁化军治所在今山西省宁武县，故北宋的火山、宁化军治之间是永定河上游桑干河的西部地区，这里有南北百余里、东西五十里的广阔森林，森林可供给一个路级政区（北宋的路是高层政区，约相当于今天的省）的薪材木炭。

宋辽时期，已有一些传世的地图。从流传至今的地图里，可看出在宋辽永定河流域森林分布的大致情形。有关辽代历史的重要资料《契丹国志》中，收录了一幅《晋献契丹全燕之图》，地图的主要内容是石敬瑭将燕云十六州割让给辽的地域图。图中，在儒州（今北京市延庆区）、妫州（今河北省怀来县旧县城）、新州（今河北省涿鹿县）、云中府（今山西省大同市）等地以北的高山地区，以树木形状绘出了成片森林，并明确标注了“松林广数千里”的字样。《契丹国志》第二十五卷《胡峤陷北记》中记载了洋河上游流域（今河北省张家口市崇礼区境内）有一片广袤的“黑榆林”。

登上海坨山山顶，眺望远处层峦叠嶂的山峰 / 全景视觉供图

蒙古占领金中都的关键——“黑树林”行军道

《宛署杂记》作者、明代人沈榜曾在西山栖隐寺发现了一块金代断碑，碑身的内容是宛平县百姓与该寺僧人争夺山林一事，结果是寺庙胜诉，对于山林的纷争，间接体现出西山附近在金代时曾分布着大片森林。

金代后期，强大起来的蒙古军队屡次进攻金朝，攻击重点之一即是中都城，当时金军依靠居庸关及铁蒺藜（铁质尖刺撒布障碍物）防线抵抗。为突破金军防守，成吉思汗采纳了札八儿的建议，从仅可容一人一骑通过的“黑树林”山谷暮入昼出，攻破居庸关，迫使金朝都城南迁汴京（今开封）。“黑树林”位于居庸关以北，燕然山、大海坨山一带，从“黑树林”中林木的茂密，可知在金代后期，今延庆西部、北部等地山区，仍分布着茂密的森林植被。

元代永定河流域的森林植被可从元代诗歌中窥见一斑，尽管这种描述带有文学性，却仍是判断自然植被的有用线索。如萨都剌《过居庸关》曾云：“居庸关，山苍苍，关南暑多关北凉。”如果说苍茫翠色是对居庸关植被茂盛描述的话，柳贯的《度居庸关》所言：“层壑倒天影，半林漏晨光。崎嵚里四十，所历万羊肠。”则生动地再现了森林的茂密程度。

《卢沟运筏图》中的元明时期永定河意象

金元时期，永定河中上游流域森林资源依然丰富。元代在矾山、蔚州、定安等地都设有负责砍伐林木的机构，并委派官员专督伐木。近年来通过古代诗歌、绘画作品重新评估历史时期的环境变化是历史研究出现的新方向之一。现存中国国家博物馆的绘画作品《卢沟运筏图》，展示了河岸上堆积着大量木材，从上游放下来的木筏顺流而下，筏工正在拖拽木材、运送装车的情形。这幅画近年来常被称为《卢沟运筏图》，有人认为是元代作品，画的是为修建大都城漕运西山木材石料的事；但也有人认为它是明代所作，画的是明代在卢沟桥设置竹木局以后对西山伐木伐薪进行抽税的事情。不管事实真相如何，该图反映了元明时期西山森林采伐的规模之大却是无可争议的。在《明经世文编》的记载中，明代山西北部内长城所经的偏关、神池、宁武等地以北至外长城间，树林也很繁茂。在密林中，较粗的树木需要多人合抱，较细的树木又多又密，如高楼般鳞次栉比。茂密的森林中人迹罕至，骑马很难在密林中穿行，林木蔽日使其成为了虎豹等猛兽的栖息地。这里的茂密林木如同一道百余里宽的“藩篱”，还起着军事防御的作用。

从永定河流域森林的变迁历程来看，元代是发生明显转折的时期。这与元明清三代都以北京为都城有着明显的关联。人迹罕至、猛兽出没的永定河流域原本的自然生态遭到

茂密的树林 / 壹图网供图

北京西山宛如一条手臂，从西方遥遥护卫着北京城 / 壹图网供图

破坏，大量伐木工进入山林，成千上万的古木轰然倒下，随之崛起的是宏伟壮丽的元大都。持续不断的森林砍伐，使得相关地区的原始森林大量减少，仅有部分保留。到了清代，由于没有了北方游牧民族南下的压力，长城以北的森林地区遭到彻底的破坏。同时，明十三陵所在的昌平地区森林也迅速消失。

“树木丛生，百草丰茂”的历史见证——地名

在永定河上中游流域，至今仍可以看到很多带有林木的山名、地名，如在河北省蔚县有松枝口（又名柏树乡）、松树岭、桦榆坡、榆林沟、北柏山、桦树沟等；阳原县有松树梁、榆林关等；涿鹿县有槐树沟、杨树沟、椿树沟、桦沟、榆林、杨木林等；怀来县有西榆林、杏林堡、柴木垠、杏树洼等；宣化区有胡松岭、柏树洼等；怀安县有榆林屯、杏沟、桃沟、柴沟堡等；万全区有榆林沟、东柳林、洗马林等；崇礼区有松树洼、大松沟门、桦林子、榆树林、东桦林、杨木洼、杨树沟、柳条沟等；尚义县南部有松沟、西杨木沟等。在北京市延庆区有松树梁、杨树河等；门头沟区有柏峪、檀木沟、杨木林子、椴木沟、梨园岭、杨树地、东西胡林、前后桑峪、柏峪台、梨树台、樱桃沟等。这些地理实体的名称大都形成于元明清时期。作为一种文化现象，地名反映了永定河流域的森林植被变迁过程。

在永定河下游流经的平原地区，由于农业生产历史悠久，对植被有深刻影响，目前大部分地区已变为农田或城镇。海拔 400 米以下的低山丘陵区，土层较深厚者多已开辟为果园或果粮间作地。在山区海拔 800 米以下的低山，由于受人为破坏严重，目前主要在寺庙、名胜古迹周围分布少量油松、侧柏等，且大多是残存的次生林或半自然林。

渡河用筏寻常事，南山烧炭北山红

文／李诚

作为中国古代王朝的政治中心，都城往往是人口规模最大、经济最为繁荣的城市之一，对能源的消耗也是最为惊人的。无论是都城内百姓日常的生活，还是手工业作坊的冶炼，甚至皇室宫廷的御用，都需要大量薪材、煤炭为其提供热量或动力。这种以燃料为中心的古代能源供应，对都城的选址与布局都有显著影响。在北京城的历史发展进程中，永定河流域的柴炭供应占有重要位置。据有关史料记载，至迟在元代，永定河流域的柴炭已经进入皇室、百姓的取暖和生产领域，到了明清时期成为北京的能源支柱。

“炉冷频烧叶，灯昏不吐花”

元代诗人黄庚曾以文人视角用诗歌描绘出以薪柴取暖的意象，其中有两句便是“炉冷频烧叶，灯昏不吐花”。为了保证大都城内宫廷的能源供应，元朝在行政机构中设置了柴炭局、材木库、蔚州定安等处山场采木提领所、矾山采木提举司等机构，负责管理采伐、储存林木以及用这些林木烧炭、分配柴炭等事务。定安采木提领所在今河北蔚县东北 30 千米的定安县村，矾山采木提举司在今河北涿鹿县东南 30 千米的矾山镇，它们管辖的采木区都在永定河中上游流域。

早在元大都尚未兴建的中统三年（1262年），经常驻跸燕京的忽必烈汗已关注西山煤炭对城市的供应问题。当年，他下令设立了“养种园”。该机构的职责之一就是“掌西山淘煤，羊山烧造黑白木炭，以供修建之用”。这里的“淘煤”又称“洗煤”或“选煤”，是将开采出来的原煤进行分类筛选，以决定其利用方式和价值。“羊山”又称“仰山”，

西山秋意正浓时 / 全景视觉供图

位于今门头沟区上苇甸村一带。附近集中分布着“炭厂”“炭厂西沟”“炭厂东沟”“凌沟”“苇子水”等聚落，应是这里在元代及其以后作为烧炭基地的历史记录，林木与芦苇丰富的偏僻山沟恰好为烧炭准备了物质条件。

大都城内的煤炭燃烧与供应情况，给当时的域外旅行家留下了深刻印象。如意大利旅行家马可·波罗回忆道：“契丹全境之中，有一种黑石，采自山中，如同脉络，燃烧与薪无异。其火候且较薪为优。盖若夜间燃火，次晨不息。其质优良，致使全境不燃他物。所产木材固多，然不燃烧，盖石之火力足，而其价亦贱于木也。”阿拉伯旅行家伊本·拔图塔，在游览大都后记载：“中国及契丹居民所燃之炭，仅用一种特产之土。此土坚硬，与吾人国内所产之粘土同。置之火中，燃烧与炭无异，且热度较炭为高。”这些都表明，煤炭至少在元代中后期已成为大都城内的日常燃料之一。

元大都城内由于柴炭贸易地点相对固定，也出现了许多与柴炭有关的地名，如柴场桥、烧饭桥等。大都城内柴炭市场有顺承门（即明清北京城宣武门）外、钟楼、千斯仓与枢密院 4 处，即便不加上大都城内的柴炭行与柴草市，在数量和规模上也早已超过煤市。这说明尽管大都城内已经大量使用煤作为燃料，在使用规模上仍未超过薪柴与木炭。

元代官办手工业作坊里对于动力的需求也加大了煤炭的开采量。烧制琉璃、砖瓦等建筑材料的窑厂，都离不开燃料供给。中统四年（1263 年）置大都南窑厂和琉璃局，至元四年（1267 年）置西窑厂。至元十三年（1276 年）在少府监之下设立“大都四窑厂”，“领匠夫三百余户，营造素白琉璃砖瓦”，从前所设南窑厂、西窑厂、琉璃局，都归其管理。工部于至元十三年（1276 年）和二十五年（1288 年），分别置平则门（今阜成门）窑厂与光熙门（旧址在今东城区和平里北街东口与朝阳区东土城路交会处）窑厂。它们所用柴炭的供应，也势必增加对周边地区森林的采伐。

“烧不尽的西山煤”

明代永乐年间营建北京以后，木柴、木炭、煤炭的消耗与开发规模都超过了元代。保障日常生活所需木柴和木炭的供应，是明代在北京周边大量采伐森林的重要原因。洪熙元年（1425 年）之前，朝廷解除了关于西山樵采的禁令，放宽了对打柴与采集果实的限制。宣德三年（1428 年）三月，“上谕行在工部曰：畿内百姓采运柴炭，闻甚艰难。自今止发军夫于白河、浑河（即永定河）上流山中采伐，顺流运至通州及芦沟桥，积贮以供用，可少苏民力”。宣德九年（1434 年），“令蔚州及美峪、九宫口、五福山、龙门关等处山场，除成材大木不许采取，其小木及椽枋之类，听人采取货卖”。

天利煤场旧址 / 北京电视台供图

显然，这里的采木区域涉及的是浑河上游及北京北部山区。宫廷消耗的木柴有片柴、顺柴、杨木长柴、马口柴等几类，而以御膳房专用的马口柴最昂贵。因这种薪材多源自高大而名贵的树种，京城近郊已难以寻觅，朝廷不得不将樵采地域一再迁移。据《宛署杂记》记载：石景山“近浑河有板桥，其旁曰庞村，曰杨木厂，沿浑河堆马口柴处”，“火钻村，有清河，即放马口柴处”。“杨木厂”即今石景山区驻地西南 2.5 千米、永定河东岸的“养马场”；“火钻村”即今门头沟区斋堂镇东 2 千米、永定河支流清水河南岸的“火村”。由此可见，永定河上游流域是“马口柴”的主要产地，木柴砍伐后顺流漂下，河畔的“杨木厂”与“火钻村”就是堆积存放之地。

对地表森林、建筑以及地下水源具有破坏作用的煤炭开采，在明代北京西山更加普遍。今门头沟区马鞍山上的戒台寺，竖立着成化十五年六月二十二日（1479 年 7 月 11 日）明宪宗的《敕谕》石碑，其中写道：寺院周围“近被无籍军民人等牧放牛马、砍伐树株、作践山场，又有恃强势要私开煤窑、挖通坛下，将说戒莲花石座并折难，殿积渐拆动……今后官员、军民、诸色人等，不许侮慢欺凌；一应山田、园果、林木，不许诸人骚扰作践；煤窑不许似前挖掘。敢有不遵朕命，故意扰害、沮坏其教者，悉如法罪之不宥”。这块石碑就是明代门头沟地区采煤业普遍展开并已危及戒台寺僧人利益与寺院安全的明证。

“都人炊爨惟煤是赖”

到了清代，建筑用材及砍柴烧炭之需更甚。在清代王庆云的《石渠余纪》卷一《纪节俭》中，曾记载明末清初宫中每年需消耗木炭2600余万斤[1]，其中“红萝炭”就有1200余万斤。国家的重要典礼活动，如祭天、祭地、太庙祭祖等，也需要大量柴炭供应。甚至科举考试也会消耗草38919斤、木柴96495斤、木炭36890斤、煤炭95336斤。清宫御膳房与内膳房也是燃料消耗的大户。这两处机构每年消耗木柴84万斤、木炭12万斤、煤炭13万斤。据有关研究，明代北京一年可消耗木材多达50万立方米，清代也有30余万立方米。为保证柴炭需求，清代不得不进一步扩大樵采范围。

清代对柴炭的需求量还体现在伐木工的数量上。每年要派出“易州山场斫柴夫一千一百五名，共银三千三百一十五两，外加路费银一百一十两五钱，脚价银二十七两四钱四厘”。由此可以约略推知直隶其他府州派出“斫柴夫”的数量以及易州等地山场砍伐林木的巨大规模。此外，清代允许越出长城关口砍柴烧炭，既反映了人口增长造成的生存压力，也表明北京周围的林木已经远远不足。

清代西山煤炭的开采量持续增加，源源不断的煤炭从西山进入北京城。清中期著名学者赵翼指出：“京师自辽建都以来，千有余年，最为久远。凡城池宫殿、朝庙苑囿及水陆运道，经累代缔构，已无一不完善通顺。其居恒日用所资，亦自然辐辏，有若天成。即如柴薪一项，有西山产煤，足供炊爨。故老相传‘烧不尽的西山煤’，此尤天所以利物济人之具也。惟是都会之地，日益繁盛，则烟爨亦日益增多。虽畿甸尚有禾梗足资火食，而京师常有数十万马骡藉以刍秣，不能作炊爨之用，是以煤价日贵。余在京时，煤之捶碎而印成方墼者，每块价钱三文，重二斤十二两。今价尚如旧，而每块不过斤许矣。此不可不预为筹及也。”煤炭的开采虽然抵消了一些木柴、木炭的使用，有助于减少周边森林的过量采伐，有效地解决了能源问题，但也破坏了地面的植被。

在明清时期，北京的能源结构也发生了显著变化。对于煤炭的需求量与日俱增，使其所占比重逐渐与柴炭比肩。这既是北京城市人口规模增长、八旗官僚队伍扩大对燃料供应的客观需求，也与北京附近地域，特别是永定河流域过度采伐致使薪材不足有重要关联。

1. 斤：质量或重量单位，1斤=500克=0.5千克。

永定河畔稻花香

文／门学文

小时候听一位老中医讲，他早年吃过一种叫龙头稻的大米，煮粥黏稠，蒸饭到饭熟时，米粒都是立着的。中学时，我曾随母亲去玉泉山附近捡过御稻的遗穗，脱粒后蒸饭熬粥，美味留香，至今难以忘怀。数年前，我到首钢厂内的庞村采访，听一老人讲庞村种过御稻，当时认为不可能，一笑置之。后来翻阅《日下旧闻考》，发现石景山地区种过御稻，却是于史有证。

北京御稻，系康熙赐名

在《日下旧闻考・卷七十一・官署十》中对稻田厂有如下记载："稻田厂廨宇建于玉泉山之青龙桥，南向，存贮米石，仓廒及官署、碾房具备焉……玉泉山官种稻田十五顷九十余亩，其金河蛮子营、六郎庄、圣化寺、泉宗庙、高梁桥、长河两岸、石景山、黑龙潭、南苑之北红门外稻田九十二顷九亩余，合官种稻田共一百八顷九亩有零，较往时几数倍之。"

大意是说，建于康熙时期的稻田厂在石景山永定河畔有稻田种植。当时稻田厂种植的稻米都是所谓的御稻，那么石景山前永定河畔的庞村一带种过御稻，无可置疑。

御稻是一个水稻早熟品种名称，系清初的康熙帝玄烨本人所发现和命名的。康熙帝在中南海丰泽园旁置田数畦，环以溪水，体验农桑作业。一天，康熙帝在试验田里发现一株很特别的稻子：高出众稻之上，颗粒已经成熟。本来这片稻田种的是玉田稻种，要到农历九月才能成熟。可是，这株稻子六月就熟了。康熙帝在《康熙几暇格物编》中记

京西御稻 / 全景视觉供图

述这株稻子："高出众稻之上，以米色微红而粒长，气香而味腴，以其生自苑田，故名'御稻米'。"他把"御稻种"精心收藏起来，来年试种，果然又于六月成熟。就这样，经过连年试种，御稻由少到多成了一个新的理想的早熟稻种。

对于这种新稻种，康熙帝并未急于推广，而是先在宫内种植，供宫廷内部食用。又试种了10年，到康熙三十一年(1692年)四月，他才在丰泽园澄怀堂的一次会上，公布了此事。康熙四十二年（1703年），热河行宫兴建。康熙帝命人在热河泉北侧"御瓜圃"

东北方向的低洼处造一方稻田，不但要求在“御瓜圃”中种上瓜豆果蔬，而且还需在稻田里播种他精心培育的御稻。结果，再获成功。在北方地区30多年成功试种的基础上，康熙帝决定向南方推广御稻，也大获成功。

御稻也叫御田粳米，还因为煮熟后色如胭脂红色，被称为御田胭脂米。《红楼梦》第四十二回，平儿送刘姥姥出贾府前，曾给她两斗御田粳米；第五十三回，乌进孝向贾府进贡的账单里，有“御田胭脂米二石（担）”。说的都是御稻，也说明贾府的饮食极为奢华，

一位农妇顶着烈日插秧 / 全景视觉供图

沉甸甸的稻穗 / 北京电视台供图

是可以与宫廷御膳媲美的。

北京种稻，有悠久历史

北京地区古称幽州，在2300年前就开始种稻了。《东观汉记·张堪传》记载他在“狐奴”（今顺义）：“开治稻田八千余顷。教民种作。”三国时期蒙魏镇北将军刘靖率部下，截引永定河水，修戾陵堰，使水东入高梁河，“水灌溉蓟城南北，三更种稻，边民利之”。北齐“开督亢旧陵，设置屯田”，根据贾思勰《齐民要术》内容，当时的水稻已有旱稻、香稻、糯稻等品种，还有选种、浸种催芽、播种时节、插秧期、除草、灌溉、收割、轮作等一系列规律性总结。元代，南粮北运多依赖大运河漕运。郭守敬开通惠河，使海淀一带稻田大有发展。

关于北京水稻，历史上还有其他记载。如《燕山丛录》记载：“房山县有石窝稻，色白粒粗，味极香美，以为饭，虽盛暑，经数宿不餲。”《潞水客谭》记载：“西山大石窝，所收米最称嘉美。”《乌台笔补》记载：“范阳去都百里而远，土风宜麦与稻。北齐皇建中，平州刺史嵇晔建议开督亢旧陂，岁收稻数十万石，北境赖以周赡，此其验也。”

谁能想到，今日如此缺水的北京，也曾有过“稻花香里说丰年，听取蛙声一片”的美景。以庞村老人所说，庞村种植御稻最迟延续到清末民初，距今也有将近300年的历史。水稻是我国先民最早的农作物发明之一，北京的御稻又有如此辉煌的历史，而石景山前的永定河畔又种过御稻，回想那稻花飘香的美景，确实令人兴奋和陶醉。

京西有灵韵，山茶秀春香

花草山茶，可能在很早以前就被山里人自采自用了。但有文字记载的历史则从唐末五代时期开始，得以推广是在历史上发生的两次“茶禁”之后。第一次“茶禁”发生在五代时期，第二次“茶禁”发生在金代。“茶禁”使得市场上无茶叶可购买，有喝茶习惯的乡民只能自采自用当地花草山茶了。由此可见，山茶采摘历史十分悠久。

北京地处北温带，季风气候，比较干燥，容易“上火”，京西门头沟区总面积的98.5%是山区，野生植物资源相当丰富，其中有很多是中草药且具有保健效能，尤其是灵山，作为北京的最高峰，灵山上的风景美、植被丰富，既是旅游的好去处，也是山茶最佳的采集之地。当地人在这里发现了越来越多的可代茶用植物，并用自己力所能及的条件予以加工，开创、传承、发展了门头沟地区特有的以蒸为主的山茶加工技艺。

黄芩的加工技艺是最有讲究的。通常老百姓采黄芩，是在开花期，黄芩的地上茎叶部分全要，洗净切段上锅蒸，经“七蒸七晒”即可。近年讲究一点儿的，只要叶，不要梗（茎）。也有人进行炒法杀青，甚至有人在炒制时加一点儿蜂蜜，炒好后再加一点儿丁香或玫瑰等进行窨制（也叫熏制，是制作花茶的一种工艺，主要是鲜花吐香和茶坯吸香的过程）。最高级者只采黄芩的嫩芽尖。也有人采回后既不炒也不蒸，谓之青茶，说是别具风味。

随着时间推移，人们对大自然的认识逐步加深，加上保健的需求，京西山茶的种类越来越多，如黄芩茶、野毛尖茶、枣芽茶、罐儿茶、棍儿茶、金莲花茶、野菊花茶、百

山茶花开 / 北京电视台供图（上图、下图）

京西山茶 / 北京电视台供图

合花茶、玫瑰花茶、山楂芽茶、柿叶茶、银杏叶茶、杜仲叶茶、石苇茶等。不仅如此，京西山区还有几种可代茶用的乔、灌木树叶，如流苏树叶和鼠李树叶。

中国的茶文化浓郁芬芳、源远流长，表现出典雅的特质，而京西山茶可谓既雅且俗，不乏逸闻趣事。历史上两次“茶禁”的故事把政治、社会问题与山茶的推广相联系，还有一些故事也扩大了山茶的社会影响。

京西的大山里流传着这样一句话：“病有四百四十样，茶通八百八十方。”这是对山茶的赞誉，也是对大山的感恩。

慈禧最爱香白杏

每年初夏，门头沟龙泉务的香白杏便吸引了第一批尝鲜的人，西城区文史学会代会长爱新觉罗·金诚先生还把自己对香白杏的喜爱写进了诗里："京西主岭产杏花，门头满谷披云霞。慈禧最爱香白杏，乾隆曾封铁吧嗒。百姓采摘人蜂拥，消食生津竞相夸。早有声名传宇内，漂洋过海美无涯。"

据记载，慈禧太后最喜欢门头沟的香白杏，当时每年夏至的前一天，龙泉务村的果农都要挑选两筐优质的香白杏送进宫去。慈禧太后由夏至这天开始，每天早餐后的水果必吃龙泉务的香白杏，并把香白杏赐给她的近臣和宦官，但讲究养生的慈禧太后每天只吃 3 个杏，因为杏虽美味，能消食生津，却不宜多食。民俗学家金受申先生也对香白杏赞不绝口，曾说龙泉务的香白杏乃杏中之王，最为香甜。

龙泉务香白杏与众不同，最大特点是取出杏核，果肉凹部溢满甜汁，吃到口里，香甜四溢。以前，杏农挑筐到城里出售，走到半路，闻到杏香的路人禁不住杏香的诱惑，买来尝鲜，鲜杏在进城的路上就卖光了。由于鲜杏味美娇贵，一直都是一果难求，城里人由于路途遥远，更难见到这杏了。

为何龙泉务的香白杏深得人心？其原因在于龙泉务村独特的地理环境。龙泉务村三面环着永定河，永定河流经村子的西面、北面和东面，形成了一种独特的小气候，特别湿润、凉爽，日照也很充沛。在龙泉务村有个小地方名叫枣湾，枣湾的石灰岩很丰富，人们在烧石灰的过程中会产生灰渣子，它们跟黄土一结合，就形成一种独特的土壤，在这种土壤中长出来的杏树奠定了香白杏那独特的口感。

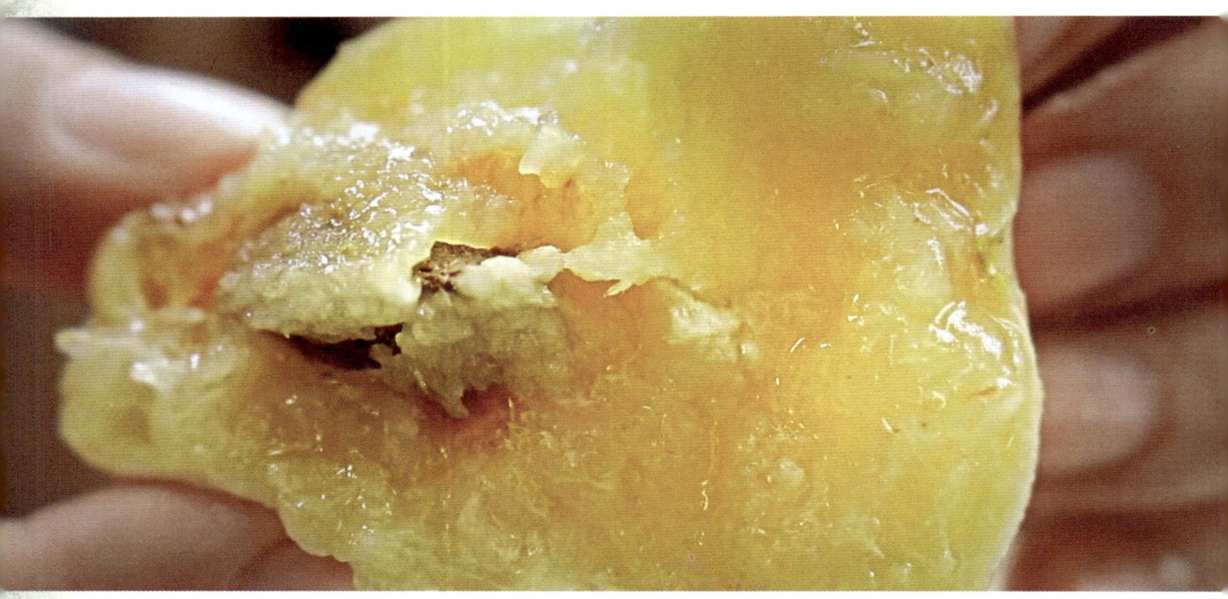

汁多肉厚的香白杏 / 北京电视台供图

在龙泉务有几棵上百年的古杏树，如今依然结果。现在的香白杏树大多是这几棵老杏树的子孙。永定河在这里拐了一个弯、大西山在这里延伸出了一个怀抱，在千万年前留下的石灰岩中，香白杏就在这样的天地机缘中结出了鲜美的果实。

高山玫瑰，得天独厚的芳华

门头沟区妙峰山镇涧沟村一带栽培玫瑰花，已有几百年历史。自宋代至今已繁衍数千亩，年产数万公斤，其以品种纯正而为华夏之首，故妙峰山被誉为“中国的玫瑰之乡”。妙峰山玫瑰种植的手法严格遵循着天生地养的传统，不施肥料，少有枝剪，自然越冬，待到第二年的六月花期，弥漫的芬芳在半山腰便可以闻到。妙峰山玫瑰花以其朵大、色艳、味浓、含油量高、品质优异、经济价值高而驰名中外。

玫瑰长久以来象征着美丽与爱情，它的色泽与芬芳也启发了人们的美食灵感。由高山玫瑰做成的玫瑰花饼，食之香味悠远、甜而不腻，其中的玫瑰花瓣还具有疏肝解郁、活血理气等功效。清代，由于乾隆皇帝喜欢吃玫瑰花饼，使之一跃成为宫廷御点。后来，乾隆皇帝还“特批”道：“以后祭神点心用玫瑰花饼不必再奏请即可。”

晚清时的《燕京岁时记》记载：“四月以玫瑰花为之者，谓之玫瑰饼。以藤萝花为之者，谓之藤萝饼。皆应时之食物也。”玫瑰花的花期有限，而这种饼只用玫瑰花的鲜花瓣，足见其珍贵和独特。

妙峰山盛开的玫瑰花 / 北京电视台供图（上图、下图）

京白梨，一方水土种一方果

京白梨，也称东山白梨，起源于门头沟区军庄镇东山村青龙沟一低洼有水之处，最初为一株自然实生树，至今已有 400 年左右的历史。如今，东山村庙洼一带和东山梨花园的贡梨园仍保存有 200 年以上的老梨树百余株。

正式把东山白梨命名为“京白梨”，是 1954 年东山白梨参加北京梨品品种评比会，东山白梨以其无瑕的品质在梨中夺冠，荣获最优产品，就在白梨前面冠以“京”字，由此得名。在 1959 年国庆 10 周年大庆时，京白梨被送上国宴餐桌，其果肉细腻、酸甜适口、风味独特，备受中外人士喜爱，遂闻名全国。

门头沟区的地理位置、季风气候、土壤特点等生态环境有利于京白梨的生长发育。“橘生淮南则为橘，生于淮北则为枳”，一方水土种一方果。与京白梨同样的品种种植在别的地方，哪怕相隔只有几千米，味道、口感都会大打折扣，严格意义上讲都不能叫作京白梨。

京白梨在清朝末期即已闻名于世，据《宛平杂谈》记载，京西白梨自清代同治年间即为宫廷贡品，慈禧临朝更是朝中必备。如今村里的老树已经成为了镇村之宝，每年果实成熟之时，吸引无数游客前来瞻仰。

祭树神，留一把核桃给大山

每年白露节气，门头沟小龙门村都要举行祭祀树神的仪式。山坡上，累累青果，挂满枝头。村民三五成群，来到树下打核桃。一位村民说："古时候没有承包责任制，更没有化肥农药，这些老核桃树全是由山里的松鼠播种的，在几百年来小松鼠的辛勤努力下，才形成了这么大片的核桃林。"村里至今还保留着一个老传统，打核桃时，一定要留下一些给小松鼠，以感谢它们的辛勤劳动。

门头沟种植核桃树的历史可算悠久，可追溯到千年以前。辽代时，这里曾是皇家核桃御园。早在 1949 年以前，门头沟的核桃就开始向海外出口，在国际上知名度颇高，直到 20 世纪 80 年代才停止出口。近些年来，由于地下水位降低、务农的人也越来越少，核桃树疏于管理，产量有所下降，不过全区目前仍有 14 万株老核桃树。

借着村里的核桃树资源，从 2012 年开始，小龙门村开办了一座北京国际核桃庄园。庄园占地 500 余亩，有核桃树 10 万余株，其中有不少上百年的老树。这里被称为核桃的"育种资源库"，庄园里每 5 棵树便是一种核桃，全世界有上千种核桃，在这里就有 450 种，其中还不乏国外引进的优良品种。

村里还有一棵被称为"核桃树神"的老树，据说已经有 320 余年的树龄，树干高达 20 多米，树冠直径也有 20 多米，在成片的核桃林

沉甸甸的核桃树 / 壹图网供图

中十分显眼，一些游客还在树上系上了红丝带，借着老树的福气许下心愿。

数百年来，村民们谨记着祖辈流传下来的叮嘱，只有过了白露时节才能收获核桃，他们也从不打光树上的核桃，总会留一些树梢上的核桃给山中的鸟兽，与它们共享大自然的哺育，心有灵犀地和谐共处。

火

金 木 水 火 土

木生火 火生土 土生金 金生水 水生木

第三章

火

《永定河》第三集
《火尽薪传》

本集导演：谭炎 崔大巍

大约20万年前，已经能够使用火的周口店北京猿人，面临着又一次生存之危。火的出现，使生活质量提高。但随着人口不断增加，食物需求越来越多，迫使他们不得不扩大捕猎的范围。同样的危机，在永定河上游虎头梁和泥河湾等地的古人类身上也发生过。这些高举着火把，不断迁徙、努力繁衍的原始人没有意识到，手中的这把火，既可以生发文明，也可以毁灭世界，既可熔铸万物，又可淬炼升华。

火将一切改变，而一切也终将由火而获重生。

文明诞生之火

“华夏文明”中的“华夏”一词出自《尚书·周书·武成》：“华夏蛮貊，罔不率俾”。华夏文明是自上古传说中的黄帝、炎帝和蚩尤三大部落集团融合而来，涿鹿大战就是这个大融合的契机和起点。那是5000年前的一个夜晚，在今天河北省涿鹿一带的永定河上游，桑干河岸边篝火熊熊，战争结束后，在距离涿鹿三里之遥的“釜山”盛会之上，黄帝亲手点燃了华夏文明诞生的祭祀火把，天下部族从此共推黄帝为天子。传说中，他们还将各个部族原有的符号组合在一起，融合创造了一个新的共有图腾——龙。

古老的永定河畔，文明火种应运而燃，之后，便以燎原之势在广袤的华夏大地上传布开来。

从20世纪20年代泥河湾遗址群被发现算起，近百年来，已在桑干河两岸发现了含有早期人类文化遗存的遗址100多处，出土了数万件化石和各种石器，几乎记录了古人类从旧石器时代至新石器时代发展演变的全部过程。其早期文化遗存的密度之高，年代之久远，不仅在国内绝无仅有，在世界上也极为罕见。特别是2001年马圈沟遗址的发掘，把亚洲文化的起源推进至距今200万年前，从而在东非奥杜威峡谷之外找到了地球上第二个200万年前的古人类活动遗迹，向“非洲唯一人类起源论”提出了具有决定意义的挑战。

从泥河湾的古人类足迹起始，跟随永定河的水流向中游追溯，来到位于北京门头沟斋堂川里的东胡林村。在这里曾经生活着距离我们更近的祖先 —— 距今仅 1 万年的东胡林人。近百年来，北京地域内的古人类不断被发现，从旧石器早、中、晚期的北京猿人、新洞人、田园洞人和山顶洞人，到新石器时代早期的东胡林人、中期的上宅文化遗址和雪山文化遗址，原始社会人类历史的全貌在北京这片土地上一一展现。如此规模、如此密度的叠加遗存，不能不说，这里有史以来就是一块受到上天眷顾与怜爱的风水宝地。人类基因的神秘密码始终隐藏在这孕育着生命的深山河谷之中，永定河悄然流淌，无数的秘密就深藏在她的流水间、沙石下，她在用时间安静地诉说和等待，期待着有缘人去发现、去发掘、去体会。

战事纷争之火

源自永定河岸涿鹿的华夏文明中心，在 2000 年后，向河下游一带移动。就在今天的北京城附近，周朝建起了一座文化与军事重镇——蓟。这个位置正是华夏农耕民族与北方游牧民族的交错地带，纷争之火便在这块土地上轮番燃起。随着朝代的转换，北京也不停地改名换姓，经历了幽州、涿郡、范阳、燕京、中都、大都、北平等多个名称的变化。曾经的辉煌，时日不久便可能沦为前朝遗迹。

10—13 世纪，中国大气候正处于一个寒冷期，尤其是北方“逐水草而居”的游牧生活变得比以往更为艰难。辽、金、元三代，伴随着北方游牧民族的相继崛起，北京周边的永定河流域战火频仍，民族纷争与政权更迭的频繁程度，达到历史之最。

在那个战火连天的历史时期，关乎北京的大量战事都发生在永定河沿岸。作为北京城的军事屏障和城市命脉，得永定河者，可得北京。可以说，永定河参与着、见证着从古至今一次次朝代兴替，曾注目着一场场民族之战的纷争，更见证着保家卫国的反侵略战争的慷慨悲壮与争取人民解放的革命战争的曙色天光。

有时，战火阴霾会遮蔽文明的光亮，但纵览千年，华夏文明的生命力和融合力却一刻也未彻底湮没。

文化交融之火

火很神奇，或许会将一切化为灰烬，又能将一切熔化后重新成就。华夏文明精妙而神奇的陶瓷艺术，正是火赋予土与水及造化新生的完美阐释。

在永定河畔，火与土、火与水造就的传奇从不少见。比如辽金时期的龙泉务窑堪称我国陶瓷史上的一朵奇葩，遗址中出土的辽三彩菩萨像令人们惊叹不已。

故宫宫殿屋顶上的琉璃瓦流光溢彩、变幻瑰丽，是东方人精致、细腻、含蓄的体现 / 壹图网供图

然而金朝以后，龙泉务窑却似突然间从历史的视野中消失了。有人猜测，在金代中期的某年汛期，永定河河水暴涨，一夜之间将龙泉务窑卷入了洪流。

洪水对于永定河畔的另一处窑火而言，似乎从未产生过什么特殊的影响。这就是龙泉务村以南一个近千年的古老村落——琉璃渠村中的琉璃官窑。

这把炉火一烧就是 700 多年，元、明、清三代当中，历经蒙古、汉、满多个民族政权的交替统治，琉璃渠自始至终都是皇家指定的琉璃瓦烧造官窑，炉火熊熊，不但没有因改朝换代而熄灭，反而借由民族融合得以在更大的舞台上绽放异彩。

马可·波罗曾在游记中盛赞元大都城宫殿的华美壮丽，回国之后逢人便说，在遥远的东方，有一个“大汗国”，那里非常富有，连屋顶上的瓦都是用“金子”做的。哥伦布的航队，就是听信了这样的传说，怀揣冲动而复杂的向往，开始了探险的航程，哥伦布要从海上去寻找这个“黄金铺满屋顶的大国”。而所谓屋顶上的“黄金”，其实指的正是琉璃瓦。

从景山上俯瞰故宫，装饰在皇宫屋顶上的琉璃瓦如此灿烂而精致。这多亏精湛的烧造工艺代代流传至今。永定河边，琉璃渠村的老窑里一切工具、流程都还保持着曾经的样貌，如有需要，依然可以为修缮故宫等古代建筑烧制出与过去的品质相同的琉璃瓦件。值得一提的是，那些屋檐角上的装饰鸱吻，每一块都有一人高，重达一吨多，这需要分成多块来分别烧造，各自成型后再用金属件勾连在一起。连接部分的裂缝，近看粗糙，但当这些块状的琉璃被组合、被连接之后呈现在巍峨的皇宫顶上，一种开阔视野中的磅礴气势呼之欲出，这种在岁月之中遮风挡雨的尊威与气度，怕是一件精致的瓷器所无法企及的厚重与恢宏。

煤火温暖万家

当年的元大都，繁荣开放，科技水平与民众生活世界领先。一个朝代的兴盛自然离不开丰沛广博的能源，在永定河流域，就蕴含着储量非常大的优质煤矿，这正是元大都繁荣发展的主要动力来源之一。煤炭的大量使用，让整个北京城有了生存的温度和发展热能。

明朝万历年间，北京的人口就已接近百万，家家户户都要做饭取暖，燃料的需求日益增大，煤业经济也开始崛起。清代的北京，煤炭的使用和开采更加广泛，人们已经到了没有煤就没法正常生活的程度。

当时的门头沟有许多“露天矿”，矿脉直接露在地表，随便挖挖就有。那时的京城上下，大多数人都以为煤炭“取之不尽，用之不竭”。于是乎，新开的煤矿越来越多，光是门头沟就曾经有过 200 多个大小煤矿同时存在的景象。

5000 年前的涿鹿大战也许是个偶然，3000 多年前的建城也许还应归于偶然，1000 多年前的建都如果说只是个契机，那么推动和维持北京生存发展的真正能量来源，煤炭一定是不可或缺的重要部分。

永定河母亲般奉献出充足的煤炭，将华夏文明的初火燃烧起来并始终放射着光与热，时代演进，后来煤炭无可置疑地成为了北京城近代工业发展的原始动力，它促进了现代工业在永定河流域的诞生成长，尤其催生了铁路交通和钢铁产业的发展。

燃起希望之火

1919 年底，石景山炼铁厂在永定河畔的石景山区成立。

这就是首钢集团的前身。作为北京的近代工业代表，首钢和这个千年古都共生了近百年。解放后，首钢逐渐发展成为我国十大钢铁企业之一，生产规模迅速扩大，炼钢炉火越烧越旺，新中国新北京的发展建设，离不开首钢的卓越贡献。

但如此规模的钢厂需要大量排放，为了全面加强首都生态文明建设，加快建设“天蓝、水清、土净、地绿”的美丽北京，贯彻落实全国生态环境保护大会精神，首钢决定整体搬迁，离开北京，向曹妃甸和迁安的新厂区迁移。

虽然首钢一座座功勋炼钢炉逐一熄灭，但首钢人的精神之火从未晦暗。冷却静止的高炉没有拆除，如今作为首钢博物馆的大文物而被永久保留；曾经如火如荼的首钢

《永定河》纪录片第三集《火尽薪传》海报

首钢厂区已成为2022年北京冬奥组委会的办公大楼 / 全景视觉供图

厂区，也不会人去楼空，2022年北京冬奥组委会已经进驻这个充盈历史想象和设计灵感的“办公大炉”，2022年冬奥会的比赛场地也在老厂区里一座座拔地而起。

永定河畔，圣火与炉火，完成了一次史诗般的重逢与际会，薪火相传，火尽薪传，过去、此刻与未来，在这样的传递中绵延不息，而火，则在一次次跨越时间与空间的穿行中始终燃烧。

泥河湾盆地，东亚古人类文化圣地

永定河流域的上游段，在内外长城之间、雁门关外，群山环抱一片茫茫平川，这就是桑干河盆地，也称泥河湾盆地，面积达9000平方千米，桑干河由西南向东北蜿蜒穿过，在盆地的东北端，地形被流水切割得沟壑纵横，蔚为壮观。这里曾被浩瀚的湖水所覆盖，那些层层叠叠、形形色色的地层露头如同史书经典，记述着数百万年以来地质环境的沧桑巨变、古生物的演化和古人类的生息，学问奥秘深邃，耐人寻味。

泥河湾古湖，考古人心中的“圣地”

泥河湾的概念是华北地区早更新世泥河湾期（258.8万—78.1万年前）的河湖相堆积泥河湾组及其出产的古哺乳动物泥河湾动物群与古人类石器泥河湾文化组成的。泥河湾盆地被西方科学家认为是东亚地区真正的“奥杜威峡谷”。作为华北第四系下更新统标准剖面的地点，泥河湾在世界科学上享有盛名。无疑，它是探索东亚地区古人类及其文化以及古环境演变的宝库，越来越多的人把它作为向往的考古圣地。诚然，在泥河湾盆地，旧石器遗迹相当丰富，不仅数量多，而且遗物具有东方的特色，并且都有坚实明了的地层层序基础，形成了相当完整的涵盖整个旧石器时代的文化剖面。

科学研究表明，至少从450万年前的新近纪上新世早期开始一直到两三万年前的第四纪晚更新世后期，桑干河盆地被烟波浩渺的湖水占据过，科学界将这个历史上曾经有过的古湖定名为“大同湖”。它如果现在还存在，其面积比当今中国第一大淡水湖鄱阳湖还要大。在人类历史时期，“大同湖”

随着环境的变化，有时扩大，有时缩小，周而复始，栖息在湖盆边缘的动物和人类也进行后退或前进的相应移动，动物的遗骸与人类的遗迹有的被掩藏在湖滨相地层里，受地壳断陷的影响，它们被深深埋藏在地下，保存下来的骨骼便形成了化石。

而早在19世纪后期，西方人就对东方人充满幻想，纷纷进入中国进行考察和探险活动。在过去很长时期，古生物学界曾以为亚洲存在最古老地质时期的人类迹象，认为亚洲大陆，特别是蒙古高原在人类起源、扩散、体质演化和文化发展方面具有重要作用，推断亚洲是人类的起源地。泥河湾盆地位于高原的前缘，晚新生代地层发育，古生物化石和古人类遗迹埋藏丰富。

1924年9月，法国古生物学家德日进和桑志华在考察内蒙古萨拉乌苏的返程途中来到张家口，会同英国地质学家巴尔博在泥河湾进行了短暂的地质考察，他们采集到了一些丽蚌和哺乳动物骨片化石。研究报告表明，巴尔博不仅是"泥河湾层"的创建人，而且是泥河湾盆地地层与地貌研究的第一人。在泥河湾，桑志华是重要的科学开拓者，德日进是科学奠基人，他们在这里发现了三趾马、三门马、纳玛象、古中华野牛、泥河湾巨颏虎等7目39个种，并赋名泥河湾动物群。从此，位于桑干河畔的小山庄泥河湾的村名作为科学术语进入了科学殿堂，而且名扬世界。

从20世纪20年代泥河湾遗址群被发现算起，近百年来，已在桑干河两岸发现了含有早期人类文化遗存的遗址100多处，出土了大量动物化石和各种各样的旧石器，几乎记录了古人类从旧石器时代至新石器时代发展演变的全部过程。其早期文化遗存的密度之高，年代之久远，不仅在国内绝无仅有，在世界上也极为罕见。特别是2002年发现的黑土沟遗址，这是泥河湾盆地目前发现的年代最老的遗址，其年代推进到194.5万—177.8万年前的较早时期。黑土沟遗址的发现，撼动了当今世界科学界普遍认为的人类在180万年前开始走出非洲的理论，同时，遗址中出土了类似旧石器时代晚期的石制品，无疑向传统的旧石器演化观念提出了严峻挑战。

卫奇，用一生啃读泥河湾这部天书

提到泥河湾，就不得不提到中国科学院古脊椎动物与古人类研究所已退休的研究员卫奇。从1972年以来，卫奇就一直坚持对泥河湾进行科学探索，在他眼里，层层叠叠的泥河湾地层像一部深邃的经典巨著，充满了神奇和希望，吸引着他不断去探索、去研究。在泥河湾，他参与发掘和研究了一处处引人注目的古人类文化遗址，包括著名的黑土沟、马圈沟、许家窑—侯家窑、西沟、仙台、霍家地、东谷坨和马梁遗址等，为泥河湾古人类研究付出了半生的心血。

泥河湾遗址雪后初霁美如画 / 全景视觉供图

经过40多年的研究，卫奇在对这里的地质地貌进行了大量考证研究后，建立了泥河湾盆地的考古地质框架与泥河湾文化，勾画出了桑干河河谷横向和纵向考古地貌综合图，总结出了泥河湾盆地与非洲奥杜威峡谷相似的地质环境演变过程。

卫奇根据桑干河河谷的地貌判断，桑干河是一条幼年河，它可能形成于两三万年前，肯定与地质构造变动有关。桑干河形成后，位于泥河湾一带松散的河湖相沉积层，受到了流水迅速强烈的冲刷，地形被切割得沟壑纵横，有100多米厚的泥沙通过永定河转运到了北京，为北京小平原的建造做出了重大的贡献。1996年北京王府井埋藏在12米深处大约2.5万年前的旧石器遗址被发现，这说明在2.5万年以来，包括永定河洪积冲积扇在内的北京小平原曾经有过快速的堆积时期，这无疑与“大同湖”的泄洪期是相对应的。

1999年，即将退休之际，卫奇自筹资金在东谷坨村建立了泥河湾猿人观察站，这是一件对泥河湾古人类文化研究影响极为深远的大事。一方面，它作为野外科学考察营地能为寻找泥河湾猿人化石提供方便；另一方面，它又可作为开发经济实验基地为泥河湾研究转化知识经济进行尝试。

泥河湾是卫奇的第二故乡。作为泥河湾的忠实守望者，卫奇期盼泥河湾的科学研究在未来能结出更多的硕果，这是他对泥河湾最诚挚的期盼，但他对泥河湾开发过程中出现的问题始终直言不讳。

毫无疑问，桑干河盆地的古文化资源也是永定河流域的科学资源。科学需要走向社会、走向群众，创造社会效益和经济效益势在必行，但是在经济开发过程中须充分进行科学论证，在确保科学性的基础上可以发挥抓眼球的趣味性和诱人的宣传力度。显而易见，目前桑干河盆地的有关宣传和展示不尽人意。卫奇认为，泥河湾博物馆的实际效果是阳原县史前展览，宣传泥河湾是“东方人类的故乡”和“东方人类第一村”尚需加强科学研究的证实。“世界看中国，中国看泥河湾”的标语口号，主题不明确，这样的标语口号仍然不如用事实说明更好。而在泥河湾国家考古遗址公园、泥河湾博物馆和泥河湾村一律建猛犸象的雕塑或复原骨架，忽视泥河湾特有的象类化石，则缺乏科学的严肃性。这样的开发损害的正是泥河湾，应当认真对待，妥善处理。

卫奇的科学生涯一直在泥河湾，他坚信，泥河湾猿人化石一定会出现，只是在什么地点、什么层位、什么时间和什么人有运气碰到的问题。泥河湾盆地存在200万年的旧石器也是很有可能的，但是，至今尚未突破。

阅尽百万年沧桑巨变的桑干河，在这片古老的大地上仍缓缓流过，但远古的先人早已在历史尘埃中睡去，留给我们诸多想象的空间。我们从何而来？这是个令人

泥河湾遗址保护区标志碑 / 全景视觉供图

泥河湾遗址保护区石雕 / 全景视觉供图

痴迷的永恒话题。作为人类寻根问祖的圣地，泥河湾是永定河留给后世子孙的一份宝贵遗产，它应该得到我们诚挚的缅怀和尊重。

（本文根据卫奇研究员多篇文章整理，经卫奇研究员审核修订，特此感谢）

东胡林人，从远古走来

在京西大山深处，门头沟区军响乡东胡林村西侧，距今已有一万年历史的东胡林人在这里被发现，这是新石器时代早期的人类文化遗址，东胡林人甚至被有些专家看作是北京地区新石器文化的创造者和革命者，是北京地区创造新石器文化的鼻祖，填补了自山顶洞人（距今约 1.8 万年）以来至距今一万年左右人类发展链条中的空白，为体质人类学、遗传学、古病理学等学科的研究提供了重要依据。

东胡林村是个不足百户人家的小村庄，清水河在村前蜿蜒而过。这条给东胡林村母乳般滋养的河流，是永定河官厅山峡最大的支流，它发源于灵山，全长 46 千米，流域面积为535平方千米，于青白口注入永定河。东胡林村呈条带状分布在河流谷地的一级阶地上，东胡林人正是生活在这样一个山水环绕的小村里。

东胡林人的发现经过

东胡林人的发现经过颇具传奇色彩。这一切，都源于 1966 年。那时，尚是北京大学地质地理系古生物专业一名学生的郝守刚与老师、一些机关干部组成“工作队”来东胡林村开展劳动。时至初春，为了扩大耕种面积，生产队决定把山坡上的黄土运到河滩上垫地，郝守刚带领村里的小青年们承担起了这个任务。

在这个过程中，郝守刚在一个高约 3 米的黄土陡坎断面上发现了一具挤压变形的人骨，满怀好奇心的他在人骨的下颌附近清理出了 11~12 枚同一类型的小螺壳，每一个小螺壳的顶部都被明显地磨穿了孔。在惊奇之余，凭借着所学的专业知识，郝守刚意识到了眼前这具骨骼的价值。下山后，他首先把它拿给古生物教研室的竺清良老师看，两人都特别兴奋。随即他们来到了山上，在详细地查看了骨骼保存的情况后，采取了保护措施，并及时向“工作队”领导汇报。很快，郝守刚就带着标本到了中国科学院古脊椎动物与古人类研究所。

随后，由研究所周国兴和尤玉柱两位年轻学者对东胡林村进行了考察和清理。由此，东胡林村——作为北京地区首次发现的新石器时代早期文化遗址，第一次揭开了神秘的面纱。这次发掘，共出土了3具东胡林人骨骼，一具为16岁左右的少女，另外两具为男性成年个体，而那些螺壳穿起来就是少女脖颈上佩戴的项链。在北京地区，新石器时代的早期文化遗物的发现，当时还是首次。

东胡林人后续的发现

从东胡林人1966年第一次出土到2003年大规模的正式发掘，这其中，凝结了包括郝守刚教授在内的众多学者的智慧和努力，正因如此，北京地区史前人类演化的链条才被完整地串联起来。

郝守刚与东胡林人的渊源很深。事实上，在东胡林人被发现后没多久，“文化大革命”就开始了，师生们也返回了校园。1968年郝守刚被分配到了胜利油田工作，直到1978年考回北京大学读研究生，1981年毕业留校任教。但正是1966年与东胡林人的一段缘分，从1983年之后，几乎每年郝守刚都要去东胡林村看看，“那里很荒芜，有时还有毛毛虫爬到腿上”。不过，东胡林村一直是郝守刚心头的牵挂。终于，说不清是一种偶然还是必然，1995年，东胡林村再一次吸引了世人的眼球。

“那时正值春暖花开，东胡林村春天美丽的景象浮现在眼前，我似乎感受到了古老先民的召唤，再次去东胡林村考察的愿望强烈地驱使着我。”1995年春天，郝守刚带着学生王鹏来到了东胡林村发现人骨的那处陡坎边，由于雨水的淋滤、黄土的垮塌，陡坎断面破败不堪，几根破碎的白骨赫然出现在郝守刚的眼前。但骨骼已被用镐铲随意刨挖破坏了，这令郝守刚心痛不已，他及时地对散落的骨骼做了清理收集，返校后立即把这个情况向学校领导做了汇报，引起了关注和重视。随后的这段时间，郝守刚和他的课题组得到了北京大学和教育部基金的支持，围绕着东胡林人遗址和环境开展了相关的研究，取得了一批科研成果。

东胡林遗址出土的项链，经鉴定是由紫游螺穿连而成，为了保证结论的科学性，1997年夏，郝守刚教授专程赴青岛，在中国科学院海洋研究所标本馆中，将东胡林遗址出土的样品与馆藏的现生紫游螺标本进行了观察对比。

东胡林人遗址 / 北京电视台供图

郝守刚教授讲述发现东胡林人的过程 / 北京电视台供图

紫游螺现生活在长江以南浙江省的象山港及以南地区，那么，远在北京西部山区的东胡林人如何得到这些螺壳并把它们制成美丽的项链呢？郝守刚等认为，在东胡林人生活的晚更新世末次冰期后，气候迅速变暖，北京地区的年平均温度，曾一度比现在高2°C ~ 3°C，东胡林人很可能在渤海湾沿岸搜集到这些螺壳。他们推测，正是在这种环境演变的背景下，东胡林人最终走出了洞穴，来到清水河畔的二级阶地上，开始了他们的新生活。

2001—2006年，经国家文物局批准，由赵朝洪教授主持的，北京大学考古文博学院和北京市文物研究所组成的由考古、环境、地质及科技考古等多学科人员参加的东胡林考古队在多次调查的基础上，对东胡林人遗址进行了 4 次正式发掘。发掘工作取得了丰硕的成果，除出土丰富的文化遗物外，还发现有墓葬、灰坑、火塘等遗迹，为研究东胡林人的文化以及环境背景、人地关系提供了十分宝贵的实物资料。

东胡林人研究的意义

北京地区是人类重要的发祥地之一，“北京人”“新洞人”“山顶洞人”“田园洞人”化石的发现为研究北京乃至华北地区古人类的发展演化提供了十分珍贵的实物证据。但是，自山顶洞人和田园洞人以后直至新石器时代中期，北京乃至华北地区的古人类是如何演变的，尚缺乏更多实物资料。特别是距今一万年前后的古人类正处于晚期智人向现代人演变的重要时期。这个时期的古人类体质状况、食物结构及其谱系等都是学术界十分关注的问题。

而保存完好的东胡林人遗骸的发现和研究（包括体质人类学研究、古病理学及遗传学研究），不仅能为了解“北京人”—“山顶洞人”— 现代人的演化进程及其谱系提供科学依据，而且对于认识新石器时代早期人类的经济方式、食物结构及环境变化对人类自身发展演化产生的影响也有重要的科学价值。

从1995年由郝守刚教授主持课题开始，东胡林人的研究集合了各个学科的力量，且不断深入。不同学科的科学家们对东胡林人遗址进行研究，包括沉积物、地球化学和岩性特征、黄土剖面的孢粉组合分析、蜗牛分析和植被恢复等不同角度，这些研究从自然科学的角度，为北京地区自然环境演变与人类活动相互关系的内在规律提供了科学的认识，为研究人类的早期活动找到了切入点。

时光匆匆易逝。初次发现东胡林人时，郝守刚还是名未毕业的大学生，现在他早已华发丛生，在2003年发表于《科学时报》上的一篇文章里，郝守刚曾动情地写道：“东胡林遗址是不可再生的文明资源，其科学价值是不言而喻的。实际想来，从以紫游螺穿连在一起组成复合项链到现时的珍珠，从用石斧、石锛到现时的电脑，这个过程的改变并不漫长，只不过是万年左右的时光。‘江畔何人初见月？江月何年初照人？’傍晚时分，东胡林的先民们抬头仰望的冉冉升起于山峦之上的月亮是否比今天的更加皎洁辉煌？”

2016年，第七位东胡林人重见天日，发现者是时任东胡林村第一书记的杨艳，她也是一名地质大队技术人员，发现的经过虽与50年前郝守刚的经历不尽相同，但历史总是惊人的相似。先人不语，后人追寻，从远古走来的东胡林人，让文明的脉络在这古老的星球上千古流传，写下了一个又一个古老动人的故事，等待着人们去追寻。

（本文根据郝守刚教授多篇文章整理，经郝守刚教授审核修订，特此感谢）

遍地乌金，福泽子民

文/高福美

煤炭，在民间又有着“乌金”的别称，在我们的日常生活中有着非常重要的利用价值。煤炭是永定河流域丰富的矿产资源之一。今天的山西大同，号称中国的“煤都”“煤城”，当地已探明的煤炭储量达376亿吨，煤田面积达1700平方千米。煤炭也是河北省张家口地区最主要的矿产资源。在北京西山，也曾经埋藏着丰富的煤炭资源。

永定河流域的煤炭开发

永定河流域煤炭开发的历史十分悠久。《山海经·北次三经》里记载：“在贲闻之山和孟门之山，皆‘其上多苍玉，其下多黄垩，多涅石’。”这里的“涅石”，有可能指的就是煤炭。1972年，山西省右玉县（该地紧邻永定河上游流域）修造常门铺水库时，在发现的汉墓中出土了大量煤块。这说明最迟到汉代，我们的先民已经开始利用煤炭了。北魏郦道元撰《水经注》，在谈到流经平城（今大同）的浑水（今御河）时说，该河流的两条支流，均流经火山，山上产石炭，可烧制成樵炭。也就是说，大约在1500多年前，大同一带的人们已经开采煤炭。

北京西山煤炭开采始于辽代，在门头沟龙泉务考古发现的辽代瓷窑遗址中，已有烧煤的痕迹。一直到元末明初，门头沟大峪的煤窑已有数十处。明洪武年间成书的《北平图经志书》记载，在北京城西大约70里有大峪山，山中产煤炭，当时大约有黑煤洞30多所，本地人多从事煤炭开采之业。此外，在西南50里的桃花沟出产白煤，西北200里的斋堂村有水火炭，村内有炭窑一所。到明清年间，不仅北京西山的煤炭开采有了进一步发展，山西北部永定河上游的大同、阳高、怀仁、左玉、朔州等州县的煤炭资源，都已普遍开采起来。到了清代中后期，随着中国近代机器工业的兴起，人们对煤炭的需求量猛增，于是出现了许多新兴的煤矿产地。在元代只占煤炭税收 5% 的大同等地区，当地的煤炭业发展规模很快就超过了京西地区。而由于煤炭产量的增加，对煤炭的运输需求也在猛增。光绪二十年（1894 年）清朝政府着手在京西建造一条从卢沟桥到门头沟的煤运专线，开始命胡燏棻充督办，后又专门改由顺天府府尹责办。

京城煤炭出西山

元代北京城的煤炭主要来自西山，在《析津志辑佚》中专门记载了当时城中煤炭交易的场景：当时的大都城中有专门从事煤炭交易的中介经纪，每年到 9 月份就买牛装车，前往西山的煤窑去购买煤炭。他们一般用驴马负荆筐入市，一般从冬月时节延续到来年的春天，冬天因冰坚水涸，牛车可以直抵窑前；及至春天冰解之后浑河水泛则难行。此外，北京城北山中也产煤，但品质不够好，所以居民一般都不用，其价格也比西山的煤炭便宜。当时城中的煤炭已经有了固定的交易场所，大都城中有专门供柴炭交易的集市，分别位于顺承门外、钟楼、千斯仓和枢密院；另有煤市位于修文坊前。

此外，在马可・波罗的游记当中也详细记载了大都城的煤炭使用状况，他观察到，当时的契丹全境之中有一种黑石采自山中，如同脉络，燃烧与柴薪无异。而且这种物质燃烧的火候比柴薪更优，如果从夜间开始点燃，可一直延续到次日的早晨也不会熄灭。因这种黑石品质优良，所以本地区均以此作为燃料。虽然本地区的木材也较易获取，但较黑石要难燃烧；另外黑石火力更足，价格相较木材也更便宜，所以黑石在当地的利用率更高。由于煤炭已经成为一项重要的能源，元朝在大都专门设置了煤木所和西山煤窑场，负责采办宫廷日常所需煤炭，并兼征收煤炭税。元代的煤炭税，除大都外还在大同征收，其中在大都征收的税额占到了 95%，可见当时北京地区煤炭交易之活跃。

明代以来，不论是煤炭还是柴炭，其需求量都远远超过了元代。明朝政府不再征收煤炭税和柴炭税，而是直接向民众征收煤炭和柴炭等实物。一直到民国年间，北京（时称北平）的居民使用煤炭更加普遍，当时分布在内外两城的煤铺多达 1450 余家；其煤炭销售量每年多达 20 余万吨。这一数据还不包括柴炭，柴炭的销售量肯定要超过煤炭。这时北平城所售煤炭，除了北京地区自己生产的之外，还有从大同、阳泉、井陉、开滦等煤炭产地运来的。至于产自北京地区的，则主要分为门头沟、房山坨里和周口店 3 处。其中产自门头沟的称为红煤，产自房山的称为黑煤，而产自周口店的则被称为南山煤。

神通窑神佑平安

手工业时代的采煤过程艰苦且危险，采煤人徒手使用锤子凿开穴道，然后点燃篝火裸身爬入。犹如蛇行鼠伏，往往需要爬至深入数十里始得之，然后背负煤块再爬出来。窑洞隐患重重，如果一旦遇到塌方，采煤工随即殒命于此。即使能出来的，也是全身“憔悴无复人形”。不过，因煤炭燃烧便利，价值很高，它比柴薪更好用，人们对煤炭的需求更加广泛，所以即使采煤十分辛苦危险，当地乡民也多从事此业。在千百年的采煤历史中，采煤工及其相关行业圈里逐渐形成了一整套具有行业特性的文化传统和习俗，主要包括祭祀窑神，行业性的九龙山庙会活动，矿（窑）工及其家属的行规、行话、民谚和禁忌等，长期以来影响、渗透到今门头沟、房山、丰台、石景山等矿区人们的生活之中，构成了当地独具特色的地域文化。

永定河流域的产煤区将“窑神爷”奉为他们的行业保护神，只不过不同地区的窑神原型各不相同。如北京门头沟地区公认的窑神爷是魏老爷，他本是一名行侠仗义的普通窑工，后来得道成仙，被奉为煤矿的保护神，当地还流传着“魏老爷倒提钱串——一路散钱”的民谣。而在相邻的房山区，供奉的窑神爷叫崔义，传说他也是一位身强力壮、经验丰富的窑工，由于多次扶危救困，救济窑工而被尊为窑神。对于窑神的祭拜方式，既有专门的窑神庙，如门头沟圈门的窑神庙；也有附于佛寺、道观中的窑神殿，如王村月岩寺、大寒岭毗卢寺、禅房村秀峰庵、木城涧玉皇庙等；还有的把窑神供奉在村口的过街楼上，如灵水村的过街楼。最常见的是每座煤窑窑口上方的窑神龛。开窑时打好了窑口，先修窑神龛，供奉窑神像。窑神像两边贴上“乌金墨玉”“石火观恒”之类的吉祥语词，以祈求窑神保佑平安。

虔诚祭拜祈旺年

从明代开始，京西矿区都要进行隆重的窑神祭拜活动，有窑神生日祭、开窑祭、复工祭、节日祭和日常祭祀等。其中又以窑神生日祭最为隆重。传说农历腊月十七（北京房山等区县是腊月十八）是窑神爷的生日。这一天，各窑窑主、煤厂老板齐聚窑神庙，由煤业公会主持祭祀窑神，三牲供品，三拜九叩。大家也会利用这个机会聚会共饮，也有人借此商谈公事，协调关系，化解矛盾。在这几日，周边乡民也参与其中，那热闹、喜庆的气氛胜过春节。

另外，把窑神祭祀与元宵节结合起来，也是京西矿区的特色之一。在每年正月十五至十七举办，其盛况不亚于窑神生日祭。特别之处在于，其间有“旺火堆”习俗：由窑主出煤，在窑场和街口用上好的煤块垒成下大上小的金字塔形煤堆，点燃后持续燃烧三四天，大家围着火堆唱歌、跳舞，祈祷生活红红火火。一到腊月十七（河北、山西、北京房山等地是腊月十八），各窑主都

窑神庙中供奉的窑神爷 / 北京电视台供图

灵水村过街楼 / 全景视觉供图（下图）

在窑台贴上神马（即窑神像），两边贴上前文所述的“乌金墨玉”“石火观恒”之类的吉祥语词。又在窑口放一供桌，摆上整鸡、整猪作供品。大放鞭炮，此起彼伏。有的窑主在窑上大摆宴席，招待前去恭贺的宾客。

此外，在门头沟区的九龙山附近曾有大小煤矿（窑）上千座。山上的娘娘庙初建于明代末年，由窑主、窑工们集资修建。所供奉的九天玄女娘娘，被视为煤炭行业的保护神。每到农历五月初一和九月初一，以门头沟圈门“十三会”为主的数十个民间花会一起出动，并在娘娘庙举行盛大的祭神仪式，这也是京郊最大的行业庙会。

除了祭祀文化，永定河流域煤矿产区还流行着相似的行规、行话、民谚和禁忌。一般来说，矿工们下井前要先聚集在窑口外抽支烟、晒会儿太阳；他们喜欢用一条红色的棉“腰子”围在腰上用来避邪防寒；此外，由于老鼠具有提示安全的作用，矿工们在煤窑中都要善待老鼠，不许轰打；忌讳在窑场内外出现桑木（因“桑”与“丧”谐音），在窑内不准出怪声和吹口哨（代表哭声），下井前不准吃大蒜，等等。行业性的禁忌来源于人们对自然的敬畏，人与自然的和谐相处才是对生命的尊重。

“一入窑场抬头观，观见三座好宝山，左金山，右银山，当中一座好煤山。”绵绵瓜瓞，民之初生。千百年来，这份来自大自然的馈赠，养育了永定河流域一代又一代的子孙。

千古帝都，细数它的更名史

文/李诚

自西周初年北京地区开始建城后，北京城发展至今已超过 3000 年。在漫长的历史时期，北京城市及周边地区伴随着行政建置的因袭变化，产生了大量的历史名称。循着时光的脉络，让我们细数北京城的更名史，从中窥见这座古城藏在名称变迁背后的故事。

西周燕都遗址博物馆/cnsphoto 供图（郭俊锋 摄）

蓟城纪念柱局部 / 北京电视台供图

北京城市起源中的燕与蓟

周武王伐纣灭商之后，将黄帝的后人（一说是帝尧的后人）封于蓟，蓟国国都蓟城在今北京市广安门一带，广安门南护城河西岸矗立着一座“蓟城纪念碑”。碑顶上书“北京城区，肇始斯地，其时惟周，其名曰蓟”16字。蓟城位置的确定将北京的建城史提前到了西周初年，部分学者甚至认为早在西周之前蓟国就已经存在。

西周初期在分封三皇五帝后人时，也分封了大量的同姓贵族。今北京房山区董家林村东的古城即是周武王分封召公奭的燕城遗址，这是燕国最初的都城，现在是西周燕都遗址博物馆。西周中后期，燕国强盛灭掉蓟国，并迁都于蓟县，直至战国后期。战国后期燕昭王励精图治，燕国势力向东北、西北方向发展。随着燕国疆域的扩张，开始设置上谷、渔阳、右北平等郡抵御匈奴南下。由此，北京地区开始出现行政区划。

秦汉大一统下的郡县划分

秦始皇二十一年（公元前226年），秦军攻破蓟城，两年后，在蓟城设置广阳郡。秦代在地方普遍推行郡县制度，在燕国故地设置的郡县中，广阳、上谷、渔阳3郡中的蓟县、良乡、军都、居庸、渔阳均在今天的北京市境内。

西汉初年，在地方推行郡县与封国并行的制度。汉高帝时曾在蓟城分置燕国，后改为广阳郡。汉武帝时曾在北京地区内设置幽州刺史部。西汉后期的广阳国管辖蓟、广阳、阴乡、方城4县。王莽代汉建立新朝后，对全国的郡、县名称大规模更改，如将广阳国改为广有郡，渔阳郡改为通潞郡，把蓟县改为伐戎，渔阳县改为得渔等。这种名称的更改没有历史依据，也没有实际意义，因此，东汉建立后，将名称又改回西汉旧称。东汉将幽州刺史部治所固定在蓟城，成为管理广阳、上谷等郡之上的一级行政区划。

边境形势与北京长城以北政区的迁移

三国魏时期，在蓟城又置燕国，下辖蓟、安次、昌平、军都、广阳5县。此外，又有渔阳郡的渔阳、潞、安乐；涿郡的良乡；上谷郡的居庸均在今北京地区内。西晋废渔阳郡，所领各县均归入燕国。西晋灭亡后的十六国时期后赵、前燕、前秦、后燕先后管辖今北京地区。政治局势的纷乱使北京的名称多次更迭，前燕慕容儁一度将都城定于蓟，随后迁都邺城（今河北临漳县西）。

北魏的幽州治所在蓟城，其下管辖燕、范阳、渔阳3郡。燕郡所领5县（蓟、广阳、良乡、军都、安城）都在今天的北京市范围内。另外，幽州渔阳郡的潞县、燕州上谷郡的居庸县、安州密云郡的白檀县也与北京相关。东魏天平年间，东燕州及其所属郡县从北京西北部的居庸关外向南迁移，将治所都移动到了幽州军都县境内。元象年间，安州及其所属郡县从北京东北部的古北口向南迁移到幽州北部地区。这种随着边境形势的变化而带来的治所北移或南迁，在北京地区的北部地区表现得尤为明显。但凡中原政权强盛之时，多有展边的行动，其所设置的行政区划也会向北越过长城地区。一旦中原政权内部纷乱，或北部游牧民族南下，行政区划则会向南收缩。

隋唐幽州的军镇体制

隋文帝开皇三年（583年）在州、郡、县三级行政管理体制中废掉了郡，隋炀帝又改州为郡。于是，今天的北京地区先属幽州，后又改涿郡。涿郡所领9县中，蓟县、昌平、良乡、潞县在今天的北京市地域范围内。檀州改置的安乐郡所辖燕乐、密云及玄州改置的渔阳郡所辖渔阳县皆有部分地域在今北京市内。

唐代武德元年（618年），改隋代涿郡为幽州总管府，管辖幽、易、平、檀、燕、北燕、营、辽等8州。幽州作为唐代在河北地区北部的军事重镇，担负着稳固唐代东北边境的重要任务。武德六年（623年），幽州总管府改为大总管府，管辖地域大为扩展。武德七年（624年），幽州大总管府改为大都督府，武德九年（626年）改为都督府。唐玄宗开元十三年（725年），幽州又升为大都督府。天宝元年（742年），唐玄宗命天下改州为郡，幽州改为范阳郡。同年，设置范阳节度使，主管今北京及附近地区的军政。节度使逐渐掌握地方管理实权。天宝十四载（755年），范阳节度使安禄山起兵反唐，安史之乱爆发。乾元元年（758年）复为幽州。

唐代幽州下辖9县中，蓟、幽都、广平、潞、昌平、良乡在今北京市内。唐代延续隋代的檀州所辖燕乐、密云二县及蓟州（隋玄州）所辖渔阳县仍有部分在今北京市内。唐代北京地区地名变化除了幽州地位的上升外，另一个特点是幽都县的出现。幽都县设置于建中二年（781年），设置于幽州城内，选原燕州衙署为县署。幽都县设置后，与蓟县共同管理幽州城，蓟县管理城市东部，幽都县管理城市西部。双县共同管理城市的格局一直延续到民国初年，对北京地名变化有着重要影响。

从陪都到国都，由“南京”变“大都”

五代后晋高祖天福元年（936年），石敬瑭将包括今北京市在内的燕云十六州割让给契丹。辽会同元年（938年），将幽州升为幽都府，建号南京，又称燕京，作为辽代5座镇守各地的陪都之一。自此之后，幽州从北方边镇上升为王朝的陪都。辽在南京设置南京道、析津府，又将蓟县改为析津县，改幽都县为宛平县。宛平、析津二县延续了唐代中期后的双附郭县制度。辽代太平年间，又设置漷阴县。今延庆区辽代为西京道奉圣州缙山县地。北宋后期曾短暂占有幽州，并设置燕山府路及燕山府，旋即被金朝占领。

金代北京地区发生的大事是海陵王迁都北京。为控制广大中原地区，贞元元年（1153年），金改燕京为中都，改析津府为大兴府，同时将析津县改为大兴县。金中都的确立，标志着北京地区政治地位的进一步上升，已经成为中国半壁江山的都城。大定年间，为崇奉皇室陵寝，设置万宁县，又改为奉先，成为今天房山区的前身。

蒙古成吉思汗十年（1215年），蒙古军队攻占金中都，改为燕京路，总管大兴府。蒙古长期将北京作为控御中原的重镇。忽必烈汗至元元年（1264年），改燕京路为中都路，并开始在金中都城东北另建新城。元朝建立后的至元九年（1272年），正式将新建都城命名为大都，并设置大都路总管府。元大都的出现，表明中国统一王朝的政治中心已转移到北京地区，这在中国都城发展史上具有重要意义。元代先后将漷阴县升为漷州，又将缙山县改为龙庆州，新设置了怀柔县。元代大都路管辖10州18县，其中在今北京市内有大兴、宛平、良乡、昌平及通州的潞县、涿州的房山、蓟州的平谷、漷州、顺州、檀州的密云、怀柔及龙庆州的延庆。

北平、北京名称演变的历史背景

明代洪武元年（1368 年），明军占领大都后，曾将其改为北平府，后作为燕王朱棣的封地。永乐元年（1403 年），明成祖改北平为北京，将北平府改为顺天府。这是“北京”作为专指今天北京市的开始。永乐十八年（1420 年），以北京为京师。清代基本上延续了明代的行政区划，只是顺治十六年（1659 年）罢废漷县入通州。康熙二十七年（1688 年），鉴于顺天府管辖范围过大，分设东、西、南、北四路同知（厅），分辖各州县。其中，大兴、宛平、良乡、房山属西路厅；通州属东路厅；昌平、顺义、怀柔、密云、平谷属北路厅。清代北京城内的变化是在清末新政时期。当时，清廷设置了警巡区，分别管理今北京市二环内的区域，这成为后来北京城市分区的雏形。

民国三年（1914 年），改顺天府为京兆地方，又称京兆特别区。1928 年，国都南迁后，改北京为北平市，政治地位逐渐下降，先后作为特别市和河北省辖市。北平市的行政范围得以确定，原顺天府属县被剥离，纷纷改属河北省。1949 年北平和平解放后，古都迎来了新生，9 月召开的第一届政协会议决定改北平为北京，作为中华人民共和国的首都。同时，将北京市内城区名称由单一数字改为名称，今天二环内曾先后出现东单区、西单区、东四区、西四区、前门区等名称。崇文区、宣武区、海淀区、朝阳区也先后建立。北京市地域日渐扩展，先是取消了宛平县，1958 年，又先后接纳河北省的大兴、通县、顺义、良乡、房山、怀柔、密云、平谷、延庆各县。至此，今天北京市的行政区域范围确定。北京各郊县在并入北京后就开始了整县改区的进程，2015 年密云、延庆二县改为密云区、延庆区，标志着北京市已结束设县的历史，市域内所辖区域全部成为市辖区。

战火洗礼下的永定河

文／靳宝

水孕育了生命，滋养了文明，但也带来了文化冲突，甚至是激烈的武力争夺。静静的河水，有时也会卷入血雨腥风的战争旋涡之中，被迫接受血与火的洗礼。永定河作为北京的母亲河，同样具有这样的双重文化内涵。地处我国传统农牧交错地带之上的永定河流域，随着北京作为军事重镇，特别是近千年来成为国家的政治中心，往往同时成为不同民族、不同政权军事冲突的重要场所。永定河河谷地带，逐渐形成了拱卫京师的天然屏障。

中华民族战争史的开启与延续

早在上古时期，黄帝与炎帝、蚩尤就是在永定河流域争夺天下，开启了中华民族战争的历史，这就是著名的阪泉（今河北涿鹿县西南）之战与涿鹿（今河北涿鹿县东南）之战。黄帝经过修德兴兵，率领诸多部落，与炎帝在阪泉展开多个回合的激战，最终取胜，并吸收融合了炎帝文明，为华夏炎黄文化的形成奠定了坚实基础。统一天下，并非易事。这时蚩尤作乱，不服从黄帝之命。于是黄帝再次率领各诸侯，与蚩尤战于涿鹿之野，蚩尤战死，黄帝凯旋。天下诸侯尊其为天子，代替神农氏，史称其为黄帝。可以说，炎黄子孙的文化传承，离不开永定河流域的滋养。

有史以来，特别是进入春秋战国时期，各个朝代几乎都在永定河流域发生过一些著名的战争。如春秋时期齐桓公北伐山戎，主战场之一就在妫水流域。西汉初年汉高祖刘邦攻打匈奴，反而在平城（今山西大同市东北古城）白登山（今山西大同市东北 20 里

河北涿鹿县中华三祖堂前的中华合符坛 / cnsphoto 供图（陈晓东 摄）

的马铺山）被围困数日，成为汉朝历史上的一件大事。战国秦汉时期的汉匈战争等中原王朝与北方部族之间的军事冲突，多数发生在永定河流域及其周围一带。

唐宋时期，不同民族间的军事冲突继续在永定河流域上演。唐太宗派名将李靖，率骑兵 3000，在马邑（今山西朔州市东北 33 里的马邑村）击溃突厥颉利可汗。李靖也因此受到唐太宗的褒奖，被视为汉朝卫青、霍去病一类的名将。《隋唐演义》中的军师徐茂公（即隋末唐初的李勣），在他任朔州行军总管时，多次率军击退突厥侵扰。唐太宗李世民曾言，徐茂公的军事功劳远胜于修筑长城，可见皇帝对这位名将的推崇。

宋辽军事争夺下的永定河

宋辽对峙期间，永定河更是主战场。宋初十几年中，宋朝基本执行的是先南后北的统一方针，并未对辽主动出击。但这并不意味着宋朝放弃对幽燕地区的收复。宋太宗继位后，一举灭了北汉，统一了中原地区，进而开始收复燕云地区。于是宋辽之间爆发了高梁河之战。结果，宋军惨败，宋太宗慌乱之下乘驴车向南逃去，差一点儿成了辽军的俘虏。在败逃中，宋太宗大腿上中了两箭，箭疮此后年年发作，最后夺去了他的生命。高梁河之战，虽然没有使宋辽双方军事力量发生根本性变化，但却是后来雍熙北伐失败的一个直接原因，它在很大程度上使北宋政权自太祖以来收复燕云地区的意图变得不可能，因此高梁河之战是对宋辽双方至关重要的一场战役，也是宋辽关系的一个重要转折点。

高梁河之战失败后，宋太宗依然没有放弃对燕云地区的收复。宋雍熙三年（986 年），宋朝开始第二次北伐，即历史上著名的雍熙北伐。这次北伐，宋朝共集结兵力 30 万，并有统一部署，可谓信心十足。宋军兵分三路，其中西路军，就由潘美（即《杨家将》所说的潘仁美）为主帅，杨业为副将，出雁门关，攻打山西北部云州（治所在今山西大同市）、应州（治所在今山西应县）、朔州（治所在今山西朔州市），扰敌后方，分散辽兵对燕京的注意力，并切断来自大同方面的援军。缘于宋军自身出现行动不协调，三路大军没有很好配合，导致第二次北伐失利。杨业中箭被擒，拒绝饮食，3日而死。杨业之死，对于辽朝来讲，大为庆幸。因为对辽作战中，杨业名震契丹，被誉为杨无敌。不过，杨业英勇不屈的精神却受到辽朝人的敬仰，当辽宋和好后，辽朝还特意在宋使经常通过的古北口外修了一座“杨令公祠”以示纪念。

拱卫京师防御体系中的永定河

有明一代，永定河流域作为拱卫京师防御体系的重要战略要地和军事屏障，战争时常发生。在明朝的九边重镇中，宣府、大同二镇就位于永定河上游。明英宗被瓦剌军队俘虏的“土木之变”，就发生在永定河流域怀来盆地的土木堡，即今河北怀来县沙城镇东南的土木村。

早在明初，北元残余势力就成为关乎明朝存亡的最大军事隐患。故自明太祖朱元璋立国之日起，就举全国军力、物力来建设北部边防。明成祖朱棣更将都城北迁，形成前所未有的“天子戍边”的姿态。明中叶后，随着国力衰弱，军队战斗力下降，明军从明初的主动进攻逐渐转向战略防御。而蒙古草原上相继兴起的鞑靼、瓦剌等游牧部落，不断聚兵南下，侵扰明朝边境，甚至危及明都北京的安全。整个九边重镇，一时狼烟四起，刀光剑影，血染了永定河流域往日的清澈与洁净。正统十四年（1449 年）七月，瓦剌首领也先亲自率大军南下，直赴大同。虽然诸多大臣并不赞成主动还击，但明英宗在宠任宦官王振的怂恿下，坚决要亲征瓦剌。同年七月十五，明英宗安排好朝廷事务，让其弟朱祁钰留守北京，自己则亲率大军前往大同迎敌。八月初一，明英宗亲征大队人马到达大同，恰逢大同镇守军被也先攻破。这时，宦官王振也开始害怕，建言明英宗下令回师京城。也先派骑兵追击，在宣府（今河北张家口市宣化区境内）大败明军后卫。八月十五，明英宗在土木堡被也先围困。结果，六军大溃，死伤数十万，明英宗被俘。

土木堡一战，明军主力尽没，当这一败报传至京城，朝廷上下人心惶惶。史载，“群臣聚哭于朝，议战守”。时任兵部侍郎的于谦，力主誓死保卫京师，绝不南迁。不久，也先以送还明英宗为名，率大军南下，进攻紫荆关。很快，紫荆关失守，京师门户被打开，面临生死存亡。时任兵部侍郎的于谦，发起了北京保卫战。他分遣诸将率师22万，列阵京城九门外。于谦本人则驻守德胜门外，亲自督战。多次攻城均无所获，加上天气转冷，明朝援军陆续赶来，也先不得不带着明英宗大掠而去，退出塞外。北京保卫战取得了胜利。可惜的是，天顺元年（1457 年）正月，景帝病重，明英宗乘机复辟。于谦被诬陷而遭杀害。

坐落在永定河畔宛平城内的中国人民抗日战争纪念馆 / 全景视觉供图

永定河流域的军事文化遗产及其价值

除了上面所言的中国古代历史上永定河流域的军事战争，其实进入民国时期，永定河流域也经历了诸多战火，发生在卢沟桥中国二十九军对日军的奋勇反击，标志着中国抗日战争的全面爆发。解放战争时期，三大战役中的平津战役，也以永定河流域为主要战场。

历数自上古时期炎黄阪泉之战以来发生在永定河流域的诸多军事战争，它们不仅是中国军事历史上的重要篇章，更为永定河流域的地域文化增添了悲壮雄浑的色彩，其中不少重大战争甚至改变了中国历史的走向和国家的命运，其影响之深远颇为罕见。

战争是残酷的，但又难以避免。战争在给人类带来噩运的同时，也留下了一批珍贵的文化遗产。一方面，战争造就了大批杰出的军事英雄人物，如黄帝、齐桓公、燕昭王、赵武灵王、李靖、杨业、于谦、佟麟阁、赵登禹等，他们都在中国历史上留下了浓墨重彩的一笔。他们的英雄壮举，在民间也广为流传，以各种喜闻乐见的艺术形式被普通百姓津津乐道。《隋唐演义》一类小说对李靖、徐茂公这类名将足智多谋、战无不胜的褒奖和演绎，再塑了隋唐英雄的历史形象和文化记忆。《杨家将》对杨业、杨延昭父子及其后世子孙英勇善战、誓死保家卫国的由衷赞美，让这种历史故事以民间传播的艺术方式世代流传，广为颂扬。

正如学者所言，戏曲小说的广泛传播，使历史上满门忠烈的杨家将，在永定河流域军事文化中的鲜活形象历久不衰。明代北京保卫战中的于谦，在国家面临危亡之际，所表现出来的那份镇定、从容、忠心和英勇，使他成为中国历史上杰出的军事将领和英

万里长城是世界上修建时间最长、工程量最大的一项古代防御工程 / 壹图网供图

雄。“粉身碎骨全不怕，要留清白在人间”，正是于谦刚正节操与豪迈气概的绝佳象征。在卢沟桥奋勇抗击日本侵略军的中国二十九军所属的大刀队，曾使敌人闻风丧胆，著名的《大刀进行曲》就是对这一壮举的历史记录与文化记忆。今天北京城赵登禹路和佟麟阁路的命名和传承，就是后人对他们为国牺牲精神的永久纪念和精神传承。历史上因战争而建造的一些设施，也成为今天的重要军事文化遗产。举世闻名的世界文化遗产长城，便是其中的重要部分。除此之外，还有大量的军事城堡，如得胜堡、镇远堡、守口堡、杀虎堡、镇羌堡等，不胜枚举。许多至今仍以村落的形式在沿袭、传播。

静静流淌的永定河，在5000年历史长河中，经受过金戈铁马般的洗礼，熔铸了一代代杰出的军事人物，他们在这个悠长的特殊舞台上，尽情演绎了自身的英勇刚烈和神一般的人格魅力，在维护国家统一、反抗外来侵略的战争中所表现出来的牺牲精神和革命气节，不仅彪炳青史，而且世代为广大民众所传播和弘扬，成为新时代中华文化中一份珍贵的精神文化遗产。那些至今还存在的军事设施，曾是历史上抵御侵略的屏障，当今则为军事历史文化的载体和见证。

永定河畔，首钢历经沧桑巨变

文／门学文

首钢主厂区现称首钢园，占地7.8平方千米，位于北京市区的西端，厂区内有“燕都第一仙山”——石景山，西傍永定河，北临石景山发电厂，是北京西部板块空间结构的支撑点和资源的流动中枢，具有良好的区位优势。

首钢主厂区于1919年建厂，解放后成为北京闻名中外的“十里钢城”，数年前全面停产以还北京蓝天。它是北京最早的近代大工业企业之一，保留着丰富的近现代工业文化遗产。它的诞生和成长与永定河有着相互依存的密切关系。

首钢在永定河东岸诞生和成长

首钢的前身为龙烟铁矿公司石景山炼铁厂。其实，当时发现有铁矿的地方都在河北宣化一带，可是为什么炼铁厂建在了距离那里百余千米的北京？据资料显示，建厂之初选址历时一年多。最初选择了宣化、石景山、天津、坨里、长辛店、卢沟桥、三家店、通州和丰台等9处地点，有识之士经过考察权衡，一致认定石景山东麓更好。

石景山所在的区域，位于西山南麓的永定河洪积冲积扇上，地势北高南低。当初选址，十分重视工业对资源与环境的依赖。这里地势高敞，用水方便，基础牢固，毗邻铁路、矿山，又四通八达，门头沟还拥有大量的煤炭资源和用作炼铁溶剂的石灰石。除了这些因素外，钢铁生产需大量用水，因此位于永定河东岸的石景山优势更加突出，这也成为石景山发电厂选址的重要条件。

作为炼铁最大水源地的永定河位于石景山西南，永定河自燕山峡谷奔泻而下，落差极大，河水最大流量达 5200 立方米 / 秒，以当时每炼 1 吨铁约用 3 吨水的标准来看，不仅炼铁的水源有保障，而且对永定河的下游用水也不会有太大影响。另外，民国初年修建的石卢灌渠渠首，就建在首钢厂内的原山下村。人们利用该渠提取的永定河水，建立了配水池、秀湖，解决了生产和生活用水。

可以说，永定河正是首钢发展的功臣和见证者。

主厂区内外遍布永定河文化古迹

在一定程度上，永定河成就了首钢。而在首钢厂区，很多永定河文化古迹也随处可见。比如永定河流域最大的河神庙——北惠济庙，就位于今首钢制氧厂西南角。一座方形碑亭和一株古柏，就是北惠济庙的遗存。称其为北惠济庙，是相对于原卢沟桥畔的惠济庙而言，它在那座庙的北边。此庙因建于庞村的西边，故又被俗称为西庙或庞村大庙。

据考，永定河河堤上原有 5 座河神庙，惠济庙已荡然无存，北惠济庙还有遗迹，很是不易。此庙是清代前期大力治理永定河的历史见证。北惠济庙是怡亲王允祥选址并进行督建的，它建于清代雍正七年（1729 年），距今已有近 300 年的历史。北惠济庙记录了清代 3 位皇帝治理永定河的事迹，是中华民族重视治理水患、变害为利的文化象征，是永定河对于北京城市安危重要性的文物实物体现。

1983 年，北惠济庙碑亭被列为石景山区文物保护单位。这座历经岁月沧桑的方形碑亭坐北朝南，面阔 5.2 米，方形，砖砌，四面各有拱券门洞，卷棚顶，筒瓦覆盖。南面汉白玉亭额“谟肇恬波”，为乾隆帝御笔。亭内巨碑之阳，有雍正帝御制碑文《永定河神庙碑文》。

碑文有 4 层意思。第一层，简述永定河的发展和经常泛滥的历史。第二层，追述康熙帝治理永定河的功绩，还谈到永定河的敕封是从康熙帝开始的。古代帝王有“封禅”的习俗，对名山、大河、树木等自然界物体进行敕封。其实早在金大定十九年（1179 年），主管京城河道的官员因卢沟河水势凶猛，吞噬民田，久治成效甚微，就奏请金世宗对卢沟河册封神号。礼部官员为难了，因为朝廷祀典的礼仪中没有这种先例。金世宗就没有给卢沟河封神，而是封其为“安平侯”，并建庙祭祀，企盼卢沟河从此“安平”，不再泛滥成灾。元世祖至元十六年（1279 年），世祖加封卢沟河为“显应惠济公”。尽管金、元两位皇帝对卢沟河加封，但都没有封神，永定河神之封，实始于康熙年间。第三层，也是文章的重点，叙述雍正帝自己治河的功绩。他更加重视河务，不仅设立专门的官员管理，还拨专款维修河堤，使永定河两年来没有造成灾害。为答谢河神，修建了北惠济

北惠济庙 / 门学文 摄

庙。第四层，希望河神继续为两岸百姓造福，不要辜负了康熙帝与雍正帝父子的敬重之意。

雍正帝这篇碑文，中心突出，文字简洁，体现了雍正帝的执政风格，是了解清代前期治理永定河的重要史料。碑阴刻乾隆帝的御笔题诗两首。乾隆十八年（1753 年），乾隆帝第一次来到北惠济庙祭祀永定河神，作《石景山初礼惠济祠》一诗：

崇祠依石堰，像设谒金堂。
云壁瞻初度，曦轮届小阳。
河防慎有自，神佑赖无疆。
疏凿非经禹，惟虔永定方。

3 年后的乾隆二十一年（1756 年），乾隆帝再次来到北惠济庙祭祀永定河神，依上诗的韵脚作《石景山礼惠济祠叠癸酉旧作韵》，诗如下：

寺碑建雍正，皇考辟神堂。
清晏资垂佑，实枚恤向阳。
不衍秩宗祀，恒奠冀州疆。
蒿目一劳计，难言永逸方。

两诗都是即景抒情，内容一说祠一讲碑，一说“神佑”，一讲治河难以一劳永逸。愿望好，头脑清醒，对治理永定河没有心存侥幸。

首钢厂区一景 / 壹图网供图

值得一提的是，金口河的源头也在首钢厂内西北一带。金口河通过石景山北侧的南金沟引永定河水直达京城，其源头经现在的炼铁厂北侧流向北辛安、杨庄。金口河的历史，可以追溯到三国时期的戾陵堰和车箱渠。金世宗在800多年前开挖金口河，虽是为了通航，却为北京平原地区带来丰富的水资源，金口河沿岸开始种植稻谷，从而改善了旧有的农业结构。后来，由于金口河洪水泛滥，金世宗下令将河口堵塞，金口河从此断流。直到元代郭守敬巧妙构思，重开金口河，又利用其通航30年。

首钢搬迁整改，永定河亦获新生

历经沧桑的永定河仍然洋洋洒洒地奔流入海，依河而建的首钢也历经了沧桑巨变。首钢给北京这座超级都市带来了活力与动力，曾几何时，能在首钢工作是很多人理想中的完美职业。但不可忽视的是，首钢在创造巨大生产价值的同时也造成了严重的污染。

事实上，从20世纪60年代开始，就有人意识到了首钢的污染问题，而在2001年7月13日，北京申办2008年奥运会获得成功后，净化首都空气成为了一个极其紧迫和敏感的问题。经过数次论证，首钢搬迁的事宜终于在2005年尘埃落定。2010年

12 月 19 日，首钢轧出最后一炉钢材之后全面停产，它标志着这个曾经创造年产量达 800 万吨的钢铁巨人终于光荣退休了。十里钢城，烟消火熄，这些燃烧了将近一个世纪的高炉，留下的是一个时代的辉煌记忆。

如今，首钢已将主体搬迁至了河北曹妃甸。但是，人们不会因为首钢搬迁而失去对这座钢城的记忆，一些标志性的工业建筑和设施已作为工业文化遗产永久保留。首钢的搬迁带来的不是城市的衰败，而是新的发展机遇。如今，首钢园区已是北京城市复兴的新地标，因 2008 年北京奥运会而开启转型发展的新征程，又与 2022 年北京冬奥会结下了不解之缘，目前冬奥组委在这里办公，运动员在这里训练、比赛，园区景色十分优美。

首钢园仍然是石景山一张亮丽的名片，人们路过首钢园，仍能感受到这位钢铁巨人的伟岸雄姿和一番欣欣向荣的新气象。曾为它提供母乳滋养的永定河，也正被人们积极治理，并取得了明显的成效。如今，首钢园没有了昔日的浓烟，永定河水更加清亮。钢与水共同奏响了新的乐章，依然动人心魄，扣人心弦。

琉璃渠村，琉璃流光溢彩

用琉璃制作的九龙壁 / 壹图网供图

自古以来，琉璃作为皇权的象征，一直为皇宫所用。作为我国传统建筑中的重要装饰构件，琉璃通常用于宫殿、庙宇、陵寝等重要建筑，它流光溢彩、变幻瑰丽，是东方人精致、细腻、含蓄的体现，也是思想、情感与艺术的融合。在永定河畔，九龙山下，就有一座被誉为“中国琉璃之乡”的古村落，千年窑火不熄，久负盛名。

琉璃渠村位于三家店永定河古渡口西岸，三面环山，一面临水，历经辽、金、元、明、清，留存至今，它古老又美丽，给北京增添了厚重博大的历史文化和人文精髓。

从古至今，琉璃渠村均有两个村名，客称琉璃局，主称琉璃渠（客指该村以外的人，主指本村居民）。琉璃局的称呼来自元代，当时为营建元大都，朝廷在此地烧制琉璃瓦以及供应别处琉璃窑厂所需用的原料坩子土，特设管理机构“琉璃局”，而琉璃渠的称呼则是村内居民沿用已久的称谓。2007年6月，国家文物局、建设部授予琉璃渠村“中国历史文化名村”的称号。

走进琉璃渠村，首先看到的是一座四柱五楼的仿古牌楼，正中匾额上镌刻“琉璃之乡”4个字。牌楼上那五彩的琉璃构件在阳光下光波流转。琉璃渠村古街全长1.3千米，

琉璃渠村——皇家官窑传千年 / 壹图网供图

古时沿街店铺林立，现在多为民居，但格局变化不大，从街道旁的建筑物上还可以看出历史的痕迹。

琉璃渠村的琉璃烧造历史十分悠久，只有这里出产的高品质页岩石料才能加工烧制成釉色艳丽、绚丽斑斓的琉璃制品，所以一直都是出产琉璃制品的“重镇”。故宫、人民大会堂、国家博物馆、毛主席纪念堂、天坛、颐和园、北京站等著名建筑所使用的琉璃制品均出自琉璃渠村。

悠久的历史加精湛的技艺，让琉璃渠村制作的琉璃一直被视为正宗的传统琉璃。它形成了中国标准的官式做法，可以说远观有势，近看有形，线条优雅，装饰精巧，寓意深刻，色彩秀美，刚柔相济，形神兼备。堪称艺术品的琉璃，其烧制流程十分严谨，一件琉璃制品的完成一般要经过20多道工序，容不得半点马虎。据《琉璃窑赵氏访问记》记载，琉璃渠村的琉璃烧造技艺是琉璃世家赵氏家族由山西传入的。“父传子、子传孙、琉璃不传外乡人”“传男不传女”，是琉璃渠村不成文的规矩。在琉璃渠村，一些技术含量高的工序，比如关键的釉色配方、火候控制等技术，一直都是琉璃渠村人亲自完成的。琉璃烧制技艺在2007年入选国家级非物质文化遗产名录。

北京现存唯一黄琉璃顶清代过街楼 / 北京电视台供图

经过漫长的历史沿革和前人的不断积累，琉璃渠村留下了大量珍贵的历史文物，以及许多保存完好的古建筑，它们充分体现了琉璃渠村的文化内涵和厚重古韵。村内两条主要街道均为东西走向。一条是前街，又叫大街，全长 1000 米，宽 15 米，旧时京西古道中的西山大道就从街中穿过；一条是后街，旧时通往千年古刹椒园寺，全长 500 米。另有几条小巷与主街相连，串联起了村中一座座民居四合院。琉璃渠村不仅是北京最大的琉璃制品生产基地，而且历史上被称为“五虎少林会”的民间体育活动也在该村被保留下来。赏琉璃、探古道、观五虎，琉璃渠村的镇村“三宝”虽藏深谷中，香馥客自来。

虽然早已扬名天下，但琉璃渠村并没有满足于祖辈所打下的基业，琉璃渠村与时俱进，人们不仅传承了古老的琉璃烧造技艺，而且将这古老的工艺进行了创新。走入琉璃渠村，能充分感受到古老与现代交融的气息。为了加大对琉璃烧造技艺的保护，琉璃渠村在区镇各级领导的大力帮助下，做了很多工作，取得了一些成效。

作为北京周边蕴含着丰富资源的典型村落，琉璃渠村是永定河流域一颗流光溢彩的明珠。从历史悠久的琉璃制造业到古朴的民居，再到富丽堂皇的商业装饰，这个独具特色的古村落增添了永定河畔的神秘与光辉。千年窑火生生不息，琉璃之乡永放光芒。

龙泉务窑，辽金时期的一朵奇葩

女娲捏土造人的传说深入人心，泥土浴火重生，变作坚固的陶瓷，人与陶瓷，都来自泥土，万物造化的神奇总是让人惊叹，人类造就陶瓷，陶瓷丰满文明，人与陶瓷交相辉映。在永定河畔，这样的故事从不少见。

距北京城约30千米的京西门头沟龙泉务村，三面环山，一面环水，永定河从村旁潺潺而过。在这里，就有一座名气不小的窑址，名为龙泉务窑遗址，它东西长250米，南北宽180米，是北京市重点文物埋藏区。经考古学家鉴定，龙泉务窑是历史上辽代七大瓷窑之一。当年出土的辽三彩菩萨像，如今已是世界各大博物馆争相收藏的艺术珍品。

龙泉务窑的遗址，其实早在1958年全国进行文物普查时就被发现了，但当时未引起足够的重视。直到20世纪70年代中期，当地农民在农田水利施工时又发现了它，在相关人员复查后确认为辽代窑址，当时共发现了3座瓷窑，出土了大量瓷片和部分器物。为了彻底弄清龙泉务窑的真实面目，在20世纪80年代和90年代，北京市文物部门对遗址进行了较大规模的发掘，出土了大量辽代陶瓷制品。

考古发掘表明，龙泉务窑始烧于辽代早期，停烧于金代，前后历经近300年历史。其产品有精、粗两类瓷器，大量的是日用粗瓷，也有少量高档精品白瓷。高档精品白瓷的工艺，是从定窑烧造工艺传来的。如前文

门头沟龙泉务村一景 / 北京电视台供图

所述，人们在窑址中还发现有三彩窑，辽三彩是辽代陶瓷工艺中有代表性的产品。经过化验分析得知，龙泉务窑址中的三彩窑用的是含碱钙的硼酸盐釉，这说明我国在1000多年前已使用无毒的硼釉，这在世界上应属创举，比国外同类技术早500年。

龙泉务窑的建立和发展与辽、金统治者在北京建都有关。我国历史上的辽朝于916年由居住在北方的契丹人所创建。938年，契丹从北方草原进入华北的燕云十六州并建立辽国，并在今天的北京城建立了陪都，名为南京。契丹在北京建都后，大批官僚贵族开始涌入京城，随着他们不断增长的物质文化需要，在京城地区建窑烧瓷成了必要。

初到中原的契丹人艳羡中原的先进文明，尤其痴迷于汉人的“瓷器”。他们以战争俘获大量瓷匠，役使其为辽人开造瓷窑。而1125年，金灭辽，1151年金迁都北京，改辽南京为中都。金迁都北京后，京城人口不断增加，对瓷器的需求量不断增大，这就促使龙泉务窑不断扩大规模、增加产量。可以说，辽代晚期、金代早期，是龙泉务窑的鼎盛时期。

辽代制瓷工艺基本上继承了五代和北宋的传统。辽国境内所生产的瓷器只能满足广大民众日常生活所需。因而，北京龙泉务窑所生产的陶瓷产品只能是以粗瓷为主，高档精品白瓷为辅。在龙泉务建窑烧瓷有着得天独厚的自然条件，它的西南面不远处有丰富的白色黏土，俗称坩子土，西北和东北不远处的地下埋有丰富的煤炭资源，它的东边紧临永定河，交通便利。

龙泉务窑瓷胎制作采用当地出产的坩子土，胎土陶炼比较细腻。胎色为白色或略呈灰色，胎体多数比较轻薄，经1200℃左右的窑温烧造，瓷化程度较强。瓷质坚硬，敲之可发出悦耳的金属声。龙泉务窑瓷釉层普遍较薄，釉石较为光润，器物外壁表面多有薄层垂釉，有的形成“泪痕”。釉色多数为白色或灰白色，柔和恬静，古朴典雅。少数器物釉色为黑色、酱红色和三彩色。

战火不绝的永定河流域，能生存并传承下来的工艺，无不兼具流通性和实用性，体现着文化的融合。龙泉务等窑址出土的辽瓷制品游牧民族的特色十分鲜明。这里的瓷器在造型上广采博收，既体现了汉族文化的特色，也渗透了北方少数游牧民族文化的特点，具有鲜明的时代特征。部分器物的造型和线条显得质朴古拙，刚劲有力，显示了北方游牧民族粗犷奔放的特点。这两种原本迥异的文明相遇、碰撞、融合之后，化合出一种充满新意和创造的艺术成果——这正是辽瓷闻名于世的真谛所在。

然而，金朝以后，龙泉务窑却似突然间从历史的视野中消失了。有人猜测，在金代中期的某年汛期，永定河河水暴涨，一夜之间将龙泉务窑卷入了洪流。我们已无从知晓，数百年前的龙泉务窑到底遭遇了什么变故，从而消失不见。但历史留下的踪迹，就像大地一样亘古，提醒着我们，在母亲河的怀抱里，先人曾生长于斯，繁荣于斯，沉眠于斯。

龙泉务瓷窑遗址石碑 / 北京电视台供图

金

金 木 水 火 土

木生火 火生土 土生金 金生水 水生木

第四章 金

《永定河》第五集
《一诺千金》

本集导演：谭炎 崔大巍

有人说，京西古道上，那坑坑洼洼的蹄窝凸显出了古道的沧桑。它在永定河流域的山中纵横，它不是一条路，而是一张巨大的网，这张网将一河所系的北京城与内蒙古和山西等地连接起来，运送煤炭以及各类货物的商队日夜不停地在其间往来穿梭。车辆难以通行的山道上，骡马是千百年来最主要的运输方式。难以计数的骡马，用蹄下铁掌，经年累月、前仆后继地踩踏在坚硬的石头上，也刻印下永定河畔商业文明千百年来的兴衰与演进。

边贸口岸

1736 年，清乾隆元年，全中国都弥漫在新皇登基的喜庆之中，而此时，位于永定河上游的张家口也发生了一件喜事。

这天早上，鼓楼东大街 3 号的门前，锣鼓喧嚣、鞭炮鸣响，当地各大商号的掌柜们都收到了一封请柬，原来是山西汾阳著名茶商王廷荣开了家名叫“祥发永”的新店，邀请大家前来参加开业典礼。可令到场诸位费解的是，在这间新开的店铺里，既没有看到什么茶叶，也没看到运货的驼队，而王廷荣的一番话更是出乎大家的意料，这王廷荣要做的竟然是一门叫作“钱生钱”的买卖。

这门“钱生钱”的生意可以说是前无古人，名字叫作账局，所做的业务相当于如今的银行放贷。古往今来，借钱在任何时候都是件难事，这账局就是以诚信为担保的商界桥梁，就好比如今的金融中介服务，做的是服务，那卖的就是一个诚信。这在 18 世纪的中国，绝对是一种商业模式的全新发明。

这样的金融机构最先出现在张家口绝非偶然。明代以前，这里一直处在你争我夺的战火之中，明成祖五征漠北经宣府出塞，明英宗在土木之变中蒙尘瓦剌。直到后来各方明白，贸易远比战争更有利于发展之后，张家口便不再是军事屯兵要塞，而成了对外开放的边贸口岸。

蓝天白云下的张家口清水河 / 全景视觉供图

站在太平山上眺望张家口，永定河上游最大的支流清水河穿城而过，眼前的城市格局，还依稀能显现出这里曾是当年屯兵的军事哨卡。而建于清顺治元年（1644 年）的城门大境门，则见证了这座边贸口岸城市出出进进的无数行商和漫漫驼队……

旧时从北京出发前往西北方向的商队，都要先过居庸关，再取道张家口怀来，沿永定河故道前往山西大同，这是一条自秦汉时期就有的古道。不可多得的地理位置，使张家口成为永定河流域中，非常重要也是唯一的边贸口岸城市，它的存在，对中国近代商业的发展，有举足轻重的作用。

最初的张家口账局，比起传统的茶马皮革生意，只能算是个打辅助的小生意，甚至可以说是旁门左道而已。但随着整个张家口地区贸易量的激增，各商号需要的资金自然也越来越多。在张家口堡鼓楼东街、棋盘街一带，甚至整个永定河流域，像祥发永这样的账局，以及钱庄、票号、银号等各类金融机构，一时间如雨后春笋般涌现出来。

没有人想到，小小的祥发永就此成为中国历史上有记载的、最早的民间金融机构之一。一诺千金，不仅仅是理念和精神，也成为一种商业模式。

渡口城镇

美国著名社会学家甘博，在 20 世纪初曾多次来到中国，并在永定河沿岸逗留过不短的时间，拍摄了大量的历史照片。从一份当年他在途经三家店渡口时留下的珍贵影像里可看到，甘博脚下踩着的就是人们所说的板桥。人们用柳条编成圆囤，里面塞满石头子儿，3 个圆囤为一组沉入河底充当桥墩，桥墩之上再铺设木板。板桥的成本十分低廉，但却非常结实，人与牲口拉着沉重的煤车，可以很安全地从板桥上通过。

考察当中，身为社会学家的甘博思考着一个问题，如此简陋的三家店渡口，为何会这么出名？

他发现，渡口对面的城子村，曾是明清时期北京城冬季取暖用煤的主要产地。为了让煤炭交易顺畅，三家店当地的煤商，先从城子村的煤窑主手中收购他们出产的煤，囤积在三家店村的大煤厂中，再出售给京城过来的煤商。如此，城里来的煤商不用渡河，到了三家店便可以直接购买到大量的煤炭；而城子村的煤窑主也不用耗时间等候买家，挖出的煤可以从渡口源源不断地运到三家店直接售出。渐渐地，三家店村也就成为当时永定河流域最大的煤炭集散地。

天利煤厂是当年这里最大的一家煤商，鼎盛之时，光是大门就开了 14 个，房屋有 70 多间，煤炭交易量在当地首屈一指。

可是，如此重要繁忙的三家店渡口，为什么没有建一座标准的桥梁呢？

永定河水流湍急无定，夏季汛期时常洪水肆虐，即使修建了固定的石桥，也有被冲毁的危险。村头古老的龙王庙，扎堆儿供奉着东、南、西、北四海的龙王，还外加一个永定河河神，可以想见，永定河曾给当地的人们带来过怎样的困扰。廉价的板桥可以在洪水到来之前迅速拆除，即使真的被洪水冲走，损失也不会太大。

搭建临时板桥是非常费工费力的一件事。为了维护三家店渡口的正常运营，这里有一个专门的商业组织叫三家店桥道老会。如今的三家店小学，就是曾经的桥道老会办公场所。桥道老会每年向当地的商号发起众筹，筹集资金搭建板桥，雇用桥夫负责板桥的日常维护，然后再通过收取过路费的方式，维持桥道老会的正常运营。

因为做的是普惠各方的公益，三家店桥道老会在当地声望极高，即便是洪水突然暴发，板桥被冲毁，下游的百姓只要看到打捞上来的木板上有三家店桥道老会的字样，便不会挪作他用，或送回三家店，或妥善保存，待桥道老会派人来取。

人无信不可，民无信不立，商无信不成，诚信是商业文化的基石，正是这份诚信的纽带和驱动，一直维系着三家店渡口数百年的往来畅通。

衍生行业

载满货物的驼队，从京西古道辗转而来，过了三家店渡口后，人困马乏，此刻非常需要有个踏实的地方可以歇歇脚，吃饱喝足、养精蓄锐，第二天一早再继续踏上进

《永定河》纪录片第五集《一诺千金》海报

三家店古渡口的渡船 / 来源于永定河博物馆（尤书英供图）

京的道路。

石景山模式口，是老北京人都不陌生的地方，老舍先生笔下骆驼祥子的故事就是从这儿讲起的，这里很早就是永定河边的一个繁华城镇。附近的大黑山中，过去常有抢匪出没，商队们走到模式口都会谨慎起来，天长日久，在这里形成了一条不成文的规矩——天黑不过镇。因由着人流物流，直接刺激了当年模式口的餐饮、住宿乃至休闲娱乐业，第三产业发展相当蓬勃。

模式口曾经有许多骆驼店，这自然不是出售出借骆驼的店铺，而是相当于如今的停车场或者是汽车旅店，驼队的骆驼们需要在这里休整，喂食、饮水、冲洗，备足路上要带的给养，然后在专门的窝棚里美美地睡上一觉。

骆驼曾是京西古道上最主要的运输工具，许多老北京的照片里都有驼队的身影。老舍笔下的祥子就是被当兵的抓差到了模式口，偷了 3 匹骆驼逃命后才得了骆驼祥子的绰号。据说当年这里曾有几百位驼手、上千头骆驼浩荡前行的壮观景象。

卖布的布店在这里也很火。是人就要穿衣服，特别是这些商人，常年在外奔波，衣服不是破了就是旧了，甭管是做新还是缝补，总之布店是要常来的。尤其眼看就要进京城了，更得好好地给自己捯饬一番。

在那个传统物流业极其兴盛的时代，石景山这一带制作大车的店也特别多，而众多大车铺里又要数模式口的雷记最为出名。雷家经营的大车铺，公认的厚道诚信，从不偷工减料，严格按照老辈传下的规矩，木料只选最好的黑桦，铁制部件则是自家锻造，虽然成本比外购高了不少，但却经得住京西古道上的一路颠簸，确保人畜安全。

石景山模式口的骆驼店铺 / 北京电视台供图（何大齐 绘）

古老的大车如今已经上不了路，但以义制利、以义生利，作为中国古老商业文化中最为推崇的信条，一直没有消失。繁华盛景可能因世事岁月而不在，但烙印在人们骨子里、血脉里的精神却风吹不去、雨打不掉。

商道驿站

永定河上的卢沟桥，如今已经有 800 多年的历史。保存较为完好的桥上石板，当年只是进京御路的一部分。而这样的大石板，过去可是从桥西的长辛店，一直铺到北京城里的广安门。

长辛店距离紫禁城有 19 千米，曾经是离北京最近的古驿站，也是京西最重要的门户之一。明清时期，中原九省官员进京，或者京官出京，都要从这里经过，俗称九省御路。清雍正年间，从京城广安门直通长辛店的官道建成，这条全程用两丈[1]巨石铺就的石道，堪称当时的高速公路。如今这条御路掩埋在地面以下半米多深的地方，并没有消失，只是在多次的重新铺路之后被覆盖。古道有知，每时每刻应该也在感受着今时今日的川流与脉动。

有人所在便有信仰，在长辛店这么小的一块街区当中，5 种宗教同时并存，娘娘宫、火神庙、基督教堂、清真寺、佛教寺庙，相距都不过百步，如此和而不同，如此动静

1. 丈：长度单位，1 市丈≈ 3.3333 米。

卢沟桥上保存完好的石板 / 魏宇澄 摄

相宜，是否也算得上是永定河所赋予这块土地的胸襟和包容呢?

如今，在长辛店大街82号，一家有着百年历史的老副食店还在经营，聚来永曾是此地商业繁荣的见证之一，创建于清末民初的这家店铺，经历百年风雨变迁依然善得其身，一句“慢打酒紧打油”，道出了小店的经商之道。看似吃了些亏，实则获得的是金不换的口碑，这份稳当、这份厚道，也就成了岁月尘埃蒙不了的金子般的招牌。

现代商业

最早出现在张家口的账局，让永定河流域成为中国当年金融模式的引领之地。而今，张家口早已不再是边贸口岸，门头沟的传统煤炭生意也早已不再延续，板桥和渡口彻底消失在人们的视野中，驼队也早已因为近现代铁路公路的发展而无影无踪。

进入21世纪后，永定河流域的商界人士，又敏锐地创造了属于这个时代的全新的商业模式。与国际企业接轨的北京丽泽金融商务区、为新媒体新科技提供支持与服务的中关村门头沟科技园，以及石景山正在建设中的全新商业形态保险产业园区，一个个、一片片落户在永定河畔。

从商之本，在于诚；为人之道，在于信。一条永定河，流淌着、蕴藏着一片土地的性情魂魄，敬重着、遵守着水与土、人与水的天地规矩。繁华盛景也许不是永恒，但诚意无价、将心比心、一诺千金的道理，早已超越了商业文明的范畴，成为一方水土、一座城市恪守的精神法则。

《永定河》第六集
《金石为开》

本集导演：谭炎 崔大巍

永定河在山中蜿蜒，沿岸密林中幽隐着众多庙宇，金山寺便是其中之一。寺外有个观景小亭，竟是以一个法国诗人的名字命名，他叫圣－琼·佩斯。年轻时代，佩斯在京西的一个道观里完成了人生中的第一部长诗《远征》，诗中的很多意象况味与永定河畔的民间生活相呼应。一段永定河所滋养的时光、所吐纳的呼吸令诗人心灵感动并将其付诸笔端。其实，还有太多流水般的历史，孕育着信念与精神、绵延着血液与根脉，深深地、长久地，收藏在永定河的时空之中。

宗教信仰

446 年的一个夜晚，长安城一座寺庙内，年轻的昙曜和尚正在进行着每日的功课。忽然一阵大乱，手无寸铁的僧人们被闯进来的强悍士兵掳走。原来，为了剿灭日益强大的佛教势力，当时的魏太武帝在全国范围内强颁灭佛之令：诛杀所有僧人，焚毁天下一切佛经、佛像和寺庙。

大势已去，僧人们不得不仓促还俗，以避杀身之祸。然而，佛心金坚的昙曜却依然执着，只身一人背负着法物法器，遁隐于远山密林。在那些晦暗如磐的岁月中，昙曜孤寂而决然地苦苦等待着云开雾散的那一天。

漫长的七载春秋之后，北魏太武帝和主张灭佛的大臣相继离世，复兴佛法的时机再度转还。就在此时，苦盼、苦熬、苦守已久的昙曜法师着手开始了一项因信念而感动世人的工程——在永定河的上游桑干河畔、大同武周山南麓开凿一座石窟。

昙曜的初衷异常纯粹——要让佛法能长久地流传于世，就该建造出能立于天地而不灭的佛像。而石头，正是自然赋予人类的最为坚固、最为广泛的原料。在此后 1000 多年的时间里，昙曜的初心得偿，云冈石窟虽经历数次灭佛浩劫，依然存世于今。

凭信念，金石为开，昙曜开启并完成了如其法号一般的功德。一生穷其所有不过

世界文化遗产——山西省大同市的云冈石窟景区 / 北京电视台供图

一袈裟、一钵盂、一寺院，但信念却因不变而不灭、不朽。在开凿建造云冈石窟的60多年当中，合计4万多僧众，还有远道而来的斯里兰卡信众，共同以全心力与大智慧完成了一项铭记于人类文明历史的恢宏奇迹。

而在永定河下游的京西门头沟，有一座始建于唐朝的戒台寺，戒台寺与不远处的潭柘寺一样闻名。戒台寺里有着全国规模最大、等级最高的戒坛，号称“天下第一坛”。但不为人尽知的是，寺内“千佛阁”敬奉佛像1680尊。佛理之中，修造佛像功德无量，这1680尊佛像，倾注了众多诚心修行之人的信念与付出，岁月洗礼，心香依然萦绕于此，这正是对诚心真念的尊崇与礼赞。

佛陀自在，心声回响，永定河水川流不息，文明与信仰如坐标般标记在河流流经的土地上，从容着、坚忍着、屹立着。

统一信念

自元朝后，中央政权始终对西藏行使着有效管辖权，清朝循历史定例在西藏行使主权。

西藏虽与北京远隔万里，但对于清政权的意义却非常重大。清朝建立之初，蒙古各部还没有完全归附，但他们信奉西藏黄教，黄教领袖如果顺应中央，蒙古各部定会追随并支持。

戒台寺内建有全国最大的佛教戒坛，是北方保存辽代文物最多、最完整的寺院 / 北京电视台供图

皇太极登基之后曾派使臣入藏，希望西藏能归附清朝。但直到 1644 年，6 岁的顺治皇帝登基，一度被搁置的西藏事务才再次被提上议事日程，“让大清帝国成为真正统一全国的中央政权”成为了第一要务。顺治皇帝派出使臣多次入藏，还在 16 岁那年，在永定河畔的南苑行宫亲自接见前来觐见的宗教首领，向西藏各派宗教领袖重申了希望西藏归附中央的强烈意愿。此后，清政府在统治期间，一直以不断地加官册封和派驻大臣的方式苦心经营着与西藏地区的紧密关系。

1779 年，在乾隆皇帝即将 70 大寿之时，西藏地区的宗教领袖六世班禅奏请皇上，允许他率部晋京为皇帝祝寿。乾隆皇帝非常高兴，恩准了六世班禅的请求，欢迎他到北京来。

乾隆皇帝为迎接六世班禅，专门在永定河下游北京西山修建了一座藏式寺庙，它就是位于香山半山腰处的昭庙。在昭庙，乾隆皇帝和跨越千山万水虔心而来的六世班禅共同出席了寺庙的开光大典，并亲笔题写《昭庙六韵》，用 4 种文体刻在石碑上，立在昭庙之中，以此称赞六世班禅远道而来的诚意。《昭庙六韵》原文的最后一句是：“雪山和震旦，一例普庥嘉”，意思是中华内地和西藏，在同一块福云的庇护下过着美好的生活。

千里万里，人心相合，山水相连，多元一体，一段段佳话发生在数百年前，也长久地存留在奔腾不息的永定河中。

香山公园昭庙清净法智殿 / 全景视觉供图

香山公园昭庙牌坊 / 全景视觉供图

天下是天下人的天下，皇城之外，民间百姓的日常和信仰，往往不留史册，却绵延古今。

民间信仰

20 世纪初，美国著名社会学家甘博曾经在永定河沿岸拍摄过一部关于北京门头沟妙峰山香会的纪录影片。跟着他的视线，我们能看到当时的村落茶棚、庙宇塔殿、民众的进香叩拜和香会上的各色表演，影像虽然有些模糊，但香会盛况尽收眼底。

清朝初年，北京曾经暴发过一场长达数年的天花瘟疫，许多染上天花的人被隔离到京西妙峰山一带。山上的娘娘庙收留了这些令人闻之色变的病患，治重疾、救危难。妙峰山从此更成为民众心中的慈悲圣地。每年四月初一到十八，妙峰山香会盛大召开，各方香客信众络绎不绝。

北京的香客会沿着 3 条不同的香道上山，有些人用苦行的方式登山许愿，以示虔诚。很多人自发组成名为香会的团队，在进香途中为其他香客们提供帮助。这种习俗保留至今。

香会有两种，一种是文会，成员们自愿担负起香会全过程中的各种服务。妙峰山的 3 条主要香道上分布着 65 座茶棚，让大家歇脚、吃饭喝水，每个茶棚都属于某一

妙峰山香会 / 壹图网供图

妙峰山敕建惠济祠古建筑 / 壹图网供图

个香会，所有饮食和服务自然都是免费的。

另一种是武会，他们把表演技艺当作对神仙的敬酬祭礼。每个武会都有自己看家的本事，这些看起来五花八门的表演道具，其实都是从娘娘庙里的用品和设备演化而来——中幡演的是高幡竿，高跷借用的是庙门木栓，石锁则是从庙门的门墩儿或抱鼓石而来。据说一共有 13 种固定内容，并不是所有的武会都会表演这些技艺，表演越复杂、越卖力，就表明敬神的心越实在、越虔诚。

永定河两岸的人们信奉的神灵众多，只要能让心愿成真，都会虔诚膜拜。其实对于中国老百姓来说，无论信什么，归根结底是借由神灵坚定自己、圆满身心。妙峰山香会上的文武香会，既要自己去朝拜还愿，又要在途中助人扶持，平凡的民心在高贵的神灵面前也丝毫不显得卑微无助。

人类的渴望与追寻从诞生之时起就从未停歇，云谲波诡的历史，风云际会的时代，孕育着、塑造着、锤炼着人类的理想，而这个理想正是金石为开的信仰。

革命信仰

1917 年俄国十月革命爆发，次年，在永定河畔卢沟桥西那个叫长辛店的地方，一幢掩映在厂区中的欧式小楼，被载入了中国近代共产主义运动的史册。这片厂区就是中国铁路工业的发源地——北京二七机车厂。毛泽东曾在这栋小楼里组建过一个

“留法勤工俭学预备班”。五四运动之后，李大钊等革命先驱，也在这里创办劳动补习学校，建立工人俱乐部。马克思主义在长辛店的工人群体中焕发着、凝聚着巨大的能量。

1923年2月7日，京汉铁路工人为争取自由权利，在中国共产党的领导下举行了震惊中外的“二七大罢工”。长辛店正是发起这次运动的源头，3000多名工人聚集在长辛店娘娘宫，在共产党人的领导下宣布罢工开始。

但罢工运动被镇压，军警对手无寸铁的工人们开枪射击，并逮捕了许多共产党人和工人领袖，最终酿成“二七惨案”。长辛店公园里的“二七烈士墓”，安葬着在当年“二七大罢工”中牺牲的工人调查团团长吴祯和工人纠察队队长葛树贵。

北京二七机车厂作为“二七大罢工”的策源地，经历百年的岁月，可以说，永定河也见证了代表人民的力量的成长与成熟、发展与壮大。

爱国信念

在永定河流经北京城的沿岸，有座海拔1149米的小山，名叫天台山。山腰处有座慈善寺，周遭山林之中，隐藏着6块摩崖石刻，石刻出自同一人之手，他就是爱国名将冯玉祥。冯玉祥将军一生中曾经3次因世道沉浮而在这座远离尘嚣的古老寺庙里隐居，而“只求为民，只求为国”的志愿却未曾就此磨灭。当日本帝国主义发动侵华

坐落在天台山山腰处的慈善寺 / 壹图网供图

《永定河》纪录片第六集《金石为开》海报

战争时，冯玉祥再次奋起。1933年，他在张家口宣布成立了“察哈尔民众抗日同盟军”，同盟军迅速发展壮大成一支强大的抗日力量，吉鸿昌、赵登禹等著名爱国将领也在其中。这支队伍发动的“收复多伦”战役，成为“九一八”以来中国军队首次从日伪军手中收复失地的壮举。

永定河流经门头沟区的百里山峡，也曾经是著名的平西抗日根据地。斋堂镇有个马栏村，当年村里所有的男人都加入了共产党的抗日队伍。在与侵略者殊死战斗的岁月里，在一次次粉碎了侵略者的疯狂扫荡之后，平西地区终于建成了一个牢固的抗日根据地，只是，马栏村的男人们没有几个能够回来与妻子儿女、父母双亲团聚。

风雨飘摇、家园不复的年代里，永定河畔的每个人都在以一种坚如钢、韧如水的力量抗争着、守卫着，不惜抛头颅、洒热血，不惜前仆后继、死而后已，这是一种比山岩更坚硬、比摩崖石刻更难以磨灭的信念与力量。

永定河，母亲河，滋养着生命，也铸就着精神，虽然平凡百姓的生活期盼不尽相同，但幸福、安宁与自在一定是共同的永恒夙愿。家园是根、是魂，生生世世相系，一代代儿女不舍不离，不辍不弃，山水同在，金石为开。

跨越千山万水

——永定河流域的交通文化

文／许辉

永定河自北京西北蜿蜒流向东南，自古以来就是华北平原通往三晋大地和蒙古高原的必经之路。穿越永定河河谷与山间盆地，就形成了一条条连接内部村镇，沟通外界地域的交通网络。既有自春秋战国之时联系险关要塞、边城重镇的军用山道，也有元明清以来京城通往西山腹地运输各种生活物资的交通干道。永定河流域的山水之间，遍布名刹古寺，到庙宇进香赶会的香道也被虔诚的香客踩踏出来。

征戍在桑干，年年蓟水寒

北京地区是游牧文化与农耕文化的分水岭，环绕北京平原的山岭历来是抵挡游牧民族南下的屏障。永定河在西山曲折前行，游牧民族沿着河岸山谷出没，直抵北京平原。为了抵御来自塞外的劲敌，战国时期，燕国就在西山一带修筑了长城。《北齐书·帝纪四》载天保七年（556 年），北齐为抵御突厥，又修筑了自幽州北夏口（居庸关）至恒州（今山西大同）九百余里长城。大将斛律羡还在险要处斩山筑城、断谷起障，置立戍逻所。通过航拍照片，北齐长城仍然清晰可见，北起昌平黄楼院北山梁，从昌平老峪沟跨过永定河，经沿河城，向西延伸，经黄草梁（皇太妃岭）、东灵山（凤山），过怀来直到涿鹿县。

居庸关长城自古以来就是兵家的必争之地 / 壹图网供图

长城驻守需要相关的人力、物力补给，因此在永定河流域内的河谷、盆地间开辟用于军事物资运输的道路。古时人们总是依山傍水修筑道路，永定河流域内的河道、山谷，为交通道路的形成提供了天然条件。永定河北岸的王平村，有东魏武定三年（545 年）所建成城遗址以及建城纪事石刻。明代沈榜的《宛署杂记》也记载了王平路口为永定河流域“过山总路口”，印证了军事古道久远的历史。

唐代永定河又称桑干河，河谷道路也是北京通往塞外及都城长安的重要途径。唐代安史之乱以后由于河朔三镇割据，北京（幽州）向南通华北平原的交通被阻隔，不得不取道西北。唐代李益曾在幽州节度使刘济麾下任职，《幽州赋诗见意时佐刘幕》诗曰：“征戍在桑干，年年蓟水寒。殷勤驿西路，北去向长安。”唐后期循桑干河（永定河）河谷而行，过雁门关前往长安是极为重要的交通干道。

唐末幽州与外界交流多依赖于西北通道，对西部山区的开发也特别重视。节度使刘仁恭贪婪残暴，害怕幽州被攻破，在大安山营造了豪华宫殿，躲在里面炼丹修仙，搜刮民脂民膏囤积山中。唐代大安山包括百花山、髽髻山到清水涧一带的山脉，山高险阻，易守难攻，而且交通纵横，能够通往塞外和幽州城。在永定河流域腹地，沿清水河谷地可通涿鹿、易州，沿清水涧谷地达永定河主道，向西北经沿河口、向阳口通怀来、延庆，北行向阳口，经昌平白羊口长城可通居庸关等要塞，向南行也有多条道路可达幽州城。

宋辽金时，围绕燕云十六州的收复，宋、辽、金之间的战争与使节往来也经常取道于永定河流域。北宋宣和四年（1122年），宋金议定南北夹击辽。十一月，金军分三路从奉圣州（河北涿鹿县）出发，其中粘罕领军由涿鹿县，过怀来登黄草梁，进入北京西山，然后下行至斋堂，行进到永定河主道，长驱入燕京城（今西城区广安门一带）。宣和五年（1123年），粘罕又由涞水县登黄草梁、东灵山、梨园岭，向东进沿河口渡永定河，过向阳口、老峪沟进攻南口，占据居庸关，夺走了刚刚归还北宋的燕京。

金朝迁都北京后，为了更好地利用永定河的道路交通，修建了卢沟桥。元、明、清三朝定都北京，为京师安全之计，永定河流域的交通干道对于军事防御作用仍是至关重要。

元朝皇帝经常往返于大都与上都之间，主要分为东、西两路进出北京：东路进出古北口，西路进出居庸关，而西路居庸关一线必须穿行永定河流域内。元代大都与上都间往来经行的西道，是永定河流域著名的古道。明代时，这些古道的功能与地位更为重要，它们通往宣化、大同、独石口等边防卫所，直接维系着明京师的安危。于是在卢沟桥修筑了拱北城，天启元年（1621年），御史李日宣建议从都城到良乡界五十里，沿途如长（辛）店、大井、柳巷、五里店、太平埚等地，每五里筑墩堡，派兵驻扎看守。又在永定河的主干道沿河口及斋堂川道路上修筑城堡，沿河城保障永定河主道北道，斋堂镇则防护西南达河北、京师的通道。

清代在永定河要道上多处分级把守，如王平口、赵辛店、庞各庄、榆垡、磨石口（模式口）镇、五里坨、青白石镇、沿河口等要地，分别由把总、千总乃至巡检司等驻守。

舟车驰百货，古道走群商

当北京成为全国的政治中心后，除了军事上的利用，永定河流域的交通道路更多用于山区与京城之间的物资转输，以及民众通行往来。永定河所流经的京西山区，有丰富的物产，除了山货、农牧特产外，京西的煤炭资源也十分丰富，人们对永定河流域资源的开采利用也日渐繁多，使永定河流域的交通网络交织更密。

元代熊梦祥的《析津志》详细记载了当时利用永定河结冰河道运输煤炭的情形：每到九月天气开始转凉，京城内外的商贩就开始买牛装车，前往西山窑头载取煤炭，到北新安以及北京城下卖货，城里人用驴马驮着一筐筐的煤炭回家。到了冬天，永定河结冰，运煤炭就更方便了，牛车可以直接到窑前装

永定河七九河开时的景象 / 尤书英 摄

运煤炭。每天要发运好几百车煤炭，往来车辆络绎不绝。春天冰雪消融，永定河河水泛滥，牛车运输就困难了。

永定河支流清水河、清水涧、琉璃渠等地都产煤炭，为了取西山煤炭供应京城，永定河主干道上的三家店、五里坨、麻峪、磨石口、卢沟桥都成为运输煤炭等物资的集结点。

三家店是永定河东岸的重要村落，因始有三家客店而得名。在三家店有自唐以来的大量历史文物遗迹，说明这里很早就成为永定河通道的枢纽。三家店渡口是永定河众多渡口中最大的一个，明万历年间已经搭建板桥。该村控扼进出西山的大道，历来是西山内外的物资集散地和商贸中心。明清时期三家店已经成为京西极其繁华的村庄，此处的山西会馆是三家店通山西等地、成为交通枢纽的佐证。民国初期，京门铁路修成，后来又修通京西公路与永定河大桥，三家店村才渐渐失去往日“京城煤炭码头”的重要地位。

从三家店到琉璃渠及龙泉务村，也是一条重要商道。琉璃渠在元代是官办琉璃窑厂，明清仍烧制琉璃制品供应皇宫、官府、寺庙。龙泉务村在辽以前是陶瓷窑厂，辽金为官办窑厂。因这一带产煤，故而窑厂取燃料便利。立于三家店白衣庵、桥耳涧，建于同治十一年（1872 年）的《重修西山大路碑》，记

始建于唐武德五年（622 年）的戒台寺 / 全景视觉供图

载了这条道路修筑的一段历史：因山路被山洪冲毁，道路不通，依靠煤窑吃饭的工人生计成了问题，城里居民也缺乏燃料，运货的商人也为生意发愁。为了恢复道路，各行业人士自发筹集资金，修补道路，终于恢复了商业运输。永定河流域的许多山路都是民众开发出来的，为了道路的通畅，他们出钱出力，修桥筑路，使沟堑变通途，维系着这条商路繁荣。

深山藏古寺，香炉生紫烟

永定河流域的青山绿水之间，也遍布古庙名刹。潭柘寺、戒台寺两座皇家寺庙以及妙峰山娘娘庙，吸引了北京乃至周边城市虔诚的信徒，他们络绎不绝地沿着山间道路前往寺庙参拜佛祖，参加各项佛事活动，留下了一条条历史悠久的香道。

潭柘寺是北京历史最为古老的寺庙，始建于西晋年间，俗语有“先有潭柘寺，后有北京城”之说。直到金代，金熙宗于皇统元年（1141 年）到潭柘寺进香礼佛，并对潭柘寺进行了整修和扩建，从此潭柘寺兴盛起来。以后历朝历代潭柘寺都得到了皇家的青睐，名气越来越大，到访的香客也越来越多。明代以后，京城百姓春游潭柘寺“观佛蛇”成了一项传统民俗活动。每年潭柘寺都举办“浴佛法会”“莲池大会”“龙华圣会”等佛门盛会，各地游僧和善男信女纷沓而至，热闹非凡。他们踩踏出了条条香道，从不同方向通往潭柘寺。

最早的香道都十分简陋，山路崎岖，不便于行走。而潭柘寺成为皇家寺庙后，不仅皇家和官府参与了香道的修建，民间香会、商人与虔诚的百姓也纷纷集资修补道路。芦潭古道是北京城通往潭柘寺的一条主要道路，由皇室与官府出资修建。乾隆时为了拜谒西陵，修建了“京易御道”，芦潭古道是御道的支线，起于卢沟桥，过长辛店、东王佐、沙窝村、大灰厂，穿过石佛村，到达戒台寺，翻过了罗睺岭，走南村、鲁家滩、南辛房、平原村，到达潭柘寺。此外还有从石景山区的庞村，过永定河后，经卧龙岗，越罗睺岭，与芦潭古道会合到潭柘寺的庞潭古道。新潭古道从永定河古渡口新城（东、西辛秤村）开始，经何各庄、太清观、万佛堂，翻过红庙岭，经桑峪到达潭柘寺，这是从京城到潭柘寺最近的一条古道。

门头沟另一名刹戒台寺始建于唐高祖武德五年（622 年），辽代曾一度兴旺起来，元代毁于战火。明宣德年间开始重修，成为皇家寺庙。戒台寺为中国三大戒坛之首。每年四月初八到十五的“赶秋坡”和“耍戒坛”，是京西重要的民俗活动，这期间寺庙也是人山人海，香客僧徒如织。

京西另一大宗教盛会中心是妙峰山娘娘庙，始建于明朝。妙峰山享有“金顶”之美誉，它不仅是北京著名的宗教圣地，也是华北民间信仰的重要名山。每年农历四月初一到十五，这里都会举行进香庙会，香会组织多达 400 个，前来朝顶进香的人数达到几十万，香火日夜不绝，规模甲于天下。

妙峰山香道共有 4 条，分为中道、南道、北道、老北道，其中老北道是天津人进香走的香道。中、北道是过去到娘娘庙进香的主香道，从北安河村起到涧沟村，南道从门头沟的三家店村起，经军庄、桃园、南庄、仰山十八盘、樱桃沟村、栖隐寺（又名仰山寺）到涧沟村。

永定河流域交通道路的形成与开拓有着悠久的历史，也与永定河丰富的资源以及险要的地势有着密不可分的联系。这些道路被充分开拓利用，既是对外防御的需要，也是与外域联系、通商旅、便民用的功能使然。现在永定河流域交通道路的拓展迥然异乎前代，宽阔的国道以及省、区之间的柏油大路纵横交错，有些仍然是修筑在古人开辟的道路基础之上。不过借助先进的技术建设桥梁、钻通隧道，更多地拉近了地域与地域之间的距离，改变了昔日山路崎岖坎坷的旧貌。

多元并存
——永定河流域的商业文化

文/高福美

商业的发展，是人类物质生活发展的重要特征和体现。《史记·货殖列传》记载："农不出则乏其食，工不出则乏其事，商不出则三宝绝，虞不出则财匮少。"商不通，则农不行，工不振。传统社会当中，商业经历了由末业向主业的转换，对于商业发展的重视也不断得到强化。

永定河流域跨经山西、河北、京津等地区，既有依托于政治中心地位而形成的消费中心城市，也有依托地区资源禀赋而成长起来的产业中心；既有作为内外交通枢纽的港口贸易中心，也有商人云集的物资交易中心。不同形态、各具特色的商业城市，共同构成永定河流域繁盛的商业贸易网络。

天下总汇的消费文化

拥有800年建都史的北京，庞大的消费需求使得这里成为万商汇聚之所，形成了都城所独有的消费文化特征。早在先秦时期，北京地区作为华北地区的中心城市，蓟城是重要的商业中心。元明清以来，北京成为统一政权的都城，政治地位的提升带动了本地区商业贸易的发展。作为国都所在，北京庞大的消费需求带动了全国的物资流通，而运河和海运的开辟、陆路交通的扩展则保证了物资流通的顺畅。

仅以漕运为例，规模庞大的漕粮运输保证了京师的衣食所需，每年经由运河运至北京的粮食可达三四百万石[1]，同时漕船还可携带一定数量的免税土仪随船售卖，其数量

1. 石：容量单位，1市石=100升。

玉河是北京一条历史悠久的古河，明代之前曾是漕运进京的通道 / 全景视觉供图

更是从最初的10石，到清代中期增至150石。这条物资输送渠道连通了江南、华南、东北等全国大多数省份。作为南北沟通纽带的漕运，将北京与全国联系起来，促进了全国范围内的经济交流。

此外，作为水陆总汇，北京城内商业发达，贸易繁盛，汇集了全国各地的商货及商人，是全国的商业中心。元大都城中聚集着来自世界各地的珍宝，如珍贵的珊瑚珠玑、翡翠玳瑁和象犀制品，以及来自江南吴越地区的髹漆刻镂、荆楚地区的金锡、齐鲁等地特产，甚至还有昆仑波斯的童奴和名马，等等。当时各地的珠宝玉器，均可在大都城中寻获，甚至外国商货也被大量运到这里，外国巨价异物及百物之输入此城者，世界诸城无能与比。

明清时期北京作为全国性的都城所在，世界各地的船只运载着货物纷纷来到这里，随之也吸引了大量外地客商到这里寻找商机。当时的北京城，呈现出一幅“致天下之民，聚天下之货，熙熙攘攘，人烟辐辏，车马骈阗”的繁盛场景。

俗尚奢华的盐商文化

天津素有“九河下梢”之称，这里因可耕之地较少，但人口众多，也是所谓的人多地少的“窄乡”；此外这里又是作为运河和海路的交通枢纽，交通发达，商货聚集，商业鼎盛。“十里鱼盐新泽国，二分烟月小扬州”，拥有得天独厚的地理优势，天津地区最大的商人群体是富甲一方的长芦大盐商。

乾隆年间《天津论》中记载："第一是走盐商，走久接地方，一派纲总更气象。"此外，清代竹枝词也有描述："盐筴长芦此要津，风天气色属商人。铜山金穴须臾事，大宅连云递旧新。"

据统计，道光年间天津城的大盐商共有370余家，名列天津"八大家"之一的益德裕高家，为长芦盐商首富，经营益德裕盐店。另外还有在天津开设瑞昌、怡昌、公义等盐店并经办许州等7个州县引岸的李士铭；经办14个州县5万余道盐引，同时在天津城开设了5家盐店的杨俊元，等。天津盐商是城市奢侈型消费的重要群体，他们的日常生活十分讲究，如衣服、屋宇穷极华靡，饮食器具备求工巧，每日以俳优伎乐恒舞酣歌，宴会嬉游殆无虚日。

盐商财大气粗，将金钱珠贝视为泥沙，甚至他们家中的悍仆豪奴服食起居直比仕宦阶层。乾隆年间杨无怪曾对他们的奢华生活描述道："水晶顶，海龙裳，大轿玻璃窗儿亮。"此外，盐商与政府之间关系十分密切，他们的捐资是军费开支的一项重要来源。乾隆十九年（1754年），长芦盐商捐献军费30万两；乾隆五十年（1785年）、五十一年（1786年），长芦盐商捐资37万余两来购置漕运驳船。嘉庆四年（1799年），长芦商人又出资66万两用作川、楚等地的剿匪事宜。

互通有无的边塞文化

永定河的上游有一座因军事而兴的城镇——张家口，又称东口，原是明朝宣府镇长城防御体系中重要的军事据点。这座因军事防御而兴的城市，有着非常重要的军事地理位置，特别是对于京师有着军事屏障的作用。隆庆五年（1571年），明朝接受俺答汗请求，将张家口定位为互市之所，成为汉蒙贸易的中心。

互市之初，贸易的主要内容以马匹为主，并最终发展为九边最重要的互市之所。对此，明朝巡按御史黄应坤惊叹，当时的贸易范围一年比一年增加，对比当初增长了不止20倍。为促进互市贸易的发展，宣大总督王崇古广召商贩，听其贸易。伴随着互市范围的扩大，民市贸易也随着兴盛起来。

设立互市之后，大量商人携货到此贸易，市场辐射范围日广。市集贸易中的布匹主要来自江南地区，皮张从湖广等地贩运而来。随着互市范围的进一步扩大，张家口民市中的商品范围也日益扩大，汉人以绸缎、茶叶、布绢、棉花、针线、改机、梳篦、米盐、糖果、梭布、水獭皮、羊皮金，来换取对方的马、牛、羊、驴、马尾、羊皮、皮袄等特产。

一直到明朝万历年间，张家口市场已经十分发达，当时市集当中有南京罗缎铺、苏杭罗缎铺、泽州帕铺、临清布帛铺、绒线铺等各色商铺。据统计，各行交易店铺排列开来长达四五里。清朝以来，张家口成为对蒙

河北省张家口大境门 / 壹图网供图

贸易的重要据点。伴随着军台驿道的开通，张家口至库伦的商道正式形成。雍正五年（1727 年）中俄签订《恰克图界约》，使张家口成为京津冀地区对蒙贸易的商业中心。光绪年间张家口对蒙贸易的商铺达400余家，其已经由一个边境军事防御小镇发展成为北方最重要的汉蒙贸易中心城市。

以义制利的晋商文化

晋商俗称“山西帮”，亦称“西商”“山贾”。晋商以山西富有的盐、铁、麦、棉、皮、毛、木材、旱烟等特产进行长途贩运，换取江南的丝、绸、茶、米，并转销西北、蒙、俄等地，其贩运销售活动遍及全国范围，成为能与南方徽帮相抗衡的最有经营实力的北方晋帮集团。此外，他们还创设了钱庄票号汇通天下，称雄 500 余年。仅以山西票号而言，主要业务是办理商业汇兑，前期因华北、华中与蒙俄贸易量年年递增，故票号依据经济形势，在内陆 30 多个城镇设庄 200 多个，重心在北方，分号以京师为中心。中期则海陆并重，在边疆和沿海大设分号，京、津、沪、汉成为票庄集中的四大中心（主要是分号，总号多数在山西的祁县、太谷、平遥），光绪前期，票号的总号、分号已达 400 多家。

明清两代是晋商的鼎盛时期，其成功的经营理念和文化使得晋商迅速成为中国十大商帮之首，创造了“平阳、泽、潞，豪商大贾甲天下，非数十万不称富”的盛世局面。晋商在日常经营过程中，始终秉持着“诚信、敬业”的传统文化理念，并将儒家教育的诚

乔家大院是晋商为中国留下的建筑遗产 / 壹图网供图

信、仁义、忠恕精神引入商界，从而有了山西商人的繁盛，这也正是山西商人经商成功的重要因素。《清朝文献通考》中记载："山右巨商所立票号，法至精密，人尤敦朴，信用最著。"清人郭嵩焘说："中国传统商贾中尤推山陕商人，虽然他们的智术不能与江浙商人相提并论，其推算不能及江西湖广，而山陕商人世守商贾之业，以'心朴而心实'更胜一筹。"山西票号分庄经理李宏龄说："至是之后，信用益彰，即洋行售货，首推票号银券最足可信，分庄遍于全国，名誉著于全球。"

《英国领事报告》当中也记载："山西票号信用很高，有力量买卖中国任何地方的汇票。"民国年间内忧外患，山西票号仍持诚信之念，民国战乱之际，日升昌票号曾欠外数目约 500 万，欠内数目七八百万，出入相抵，有盈无绌。然而彼时欠内之数目，其中的成本已付诸东流，更别论利息。欠外之款项，该号为支持门面，维持信用起见 ,3 年之中均未停利。山西商人以其独特的义利观，展示了中国传统商人商业发展的根基与文脉。"诚招天下客，义纳八方财"，山西商人的成功经验，诠释了"诚信不欺，方可创万世之业"。

丰腴的水土滋养了永定河两岸的繁华，熙来攘往的商业往来，让这片土地内涵丰沛，又始终充满生机。

货通天下

——《卢沟运筏图》的商业之声

文／高福美

卢沟桥位于北京城西南，桥身横跨永定河，是北京现存最古老的连拱石桥。卢沟桥始建于金朝大定二十九年（1189年），明昌三年（1192年）竣工。“芦（卢）沟之桥走百货，柴车阻塞断人过。前车脱轭扶牛立，后车挨帮骑马坐……”这首卢沟民谣，流传千古，诉说着卢沟桥繁荣的商业文明。

桑干古渡变通途

关于卢沟桥的建造历史，很多学者认为早在唐宋时期这里已经建造了浮桥，只不过还较为简陋。实际上很早之前卢沟桥地区就是永定河的古渡口。宋金对峙时期，无论是北上的宋朝使节，还是南下的辽金使节，他们大多需要在卢沟桥地区渡河。比如当时的宋朝大臣路振，他在宋真宗大中祥符元年（1008年）十二月出使辽朝时记录了途经卢沟河的情况：他在初八日从良乡县北行至幽州六十里，地平无丘陵。又过十里过百和河，走三十里过鹿孤河（卢沟河），行五十里过石子桥，再六十里过桑干河，河绕幽州城。

在此之后的金朝人张棣在其《金图志》中也曾对宋金之间的交往行程有详细记录：“涿州至刘李店三十里，刘李店至良乡县三十里，良乡至卢沟河铺三十里，卢沟河铺至燕京三十里。”由此可知，到金朝中期，卢沟河的地位已经越发重要，文中所说的“卢沟河铺”也成为中原地区北上燕京的必经之路。金朝海陵王迁都燕京地区之后，此时的卢沟河不但是宋金之间使节的往来通道，也有大量的商旅客贩不断从这里经过并抵达燕京地区。

《卢沟运筏图》（局部）/ 藏于中国国家博物馆（北京电视台供图）

鉴于卢沟河地区的重要性，大定二十八年（1188 年）五月，金世宗曾下令为便利往来旅客，应在卢沟河上建造石桥。不过，后因金世宗年岁已高，最终卢沟桥在他的继任者金章宗时期才得以建成。建成之后的卢沟桥十分雄伟壮观，当时一位途经此地的宋朝使节许纶曾写道："长虹如玉跨长川，下马摩挲得细看。他日燕郊如旧识，卢沟桥下古桑干。"这首诗也成为卢沟桥在史籍中的第一条记载。

卢沟运筏立都城

在中国国家博物馆藏有一幅元代佚名画家的精彩画作——《卢沟运筏图》。画中展

现的是永定河漂运木筏以及河道两岸繁荣的商业贸易景象。最初这幅画被命名为《元人运筏图》，1962 年罗哲文先生对这幅画进行了细致的考证，认为画面中央的石拱桥正是北京西南的卢沟桥，上部山脉应为卢沟桥北面的西山。据此，罗先生认为这幅画展现的是元初修建大都城时，从西山砍伐木材通过永定河运送到大都城的场面。因此，学术界重新将这幅画命名为《卢沟运筏图》。

历史时期的永定河流域拥有丰茂的森林植被，境内有管涔山、恒山、小五台山、海坨山、燕然山、大马群山、军都山、北京西山等山地，又有大小不等的山间盆地，如应县—怀仁盆地、大同盆地、阳原盆地、蔚县盆地、怀安—张家口—宣化盆地、涿鹿—怀来—延庆盆地等。在这些区域内，历史上分布着茂密而广阔的森林和草地。

据《山海经・北山经》记载，包括永定河上游地区的今山西、河北西部与西北部、内蒙古自治区中南部一带的山地草木茂盛，主要树种是松、柏、漆、棕、桐、柘、樗、榛、椐、楛等。这里有南北百余里、东西五十余里的辽阔林区，在宋辽绘制的一些地图中，还绘出了今永定河上游流域的森林分布。一直到金、元时期，永定河中上游流域森林资源依然丰富。元代在矾山、蔚州、定安等地都设有负责砍伐林木的机构，并委派官员专门督办伐木工程。丰沛的森林木材为北京地区的城市发展提供了重要的能源。

《大金国志》记载：天会十三年（1135年）夏，金太宗为了进攻南宋，曾发40万人到燕云两路地区的蔚州交牙山采木为筏。海陵王迁都燕京，更加大了对城市周边森林的采伐力度。《金史·地理志上》记载：天德三年（1151年）三月下令张浩等取真定府（今河北正定县）潭园材木以便营建宫室。张浩取用的“真定府潭园材木”，应当是从太行山砍伐后积存于潭园的木材。

此后，海陵王正隆四年（1159年）二月造战船于通州，所用的木材也应取自北京周边地区。元朝的大都城宏伟壮丽，并为明清北京城奠定了基本格局，但其建筑规模的宏大以及日后对木材、石料、柴炭的需求，却导致其周边乃至南方地区的森林消耗迅速增多。因此，作为元朝的画作，《卢沟运筏图》所展现的应是当时木材运输的兴盛场景。元大都的都城地位确立之后，为营建都城，从大都西面的西山地区大量砍伐木材，并经过永定河运输到大都城西南边的卢沟桥附近上岸转运进城。

对此，《元史·世祖本纪》中记载：“至元三年（1266年）……十二月……凿金口，导卢沟水以清西山木石。”为了进一步疏浚永定河的运输能力，元朝大臣郭守敬决金口以便运输西山之竹筏，以满足京师竹木需用。由此可见永定河对于元大都地区木材供应所具有的基础枢纽作用。

通京大道税收忙

《卢沟运筏图》的另外一个重点便是桥两岸繁华的商业贸易场景。从画面来看，卢沟桥两岸分布着鳞次栉比的旅馆、茶楼和店铺，店铺前面竖立着各式的招幌，簇拥着这条绵长的街道，热闹非凡。街道上行驶着南来北往的骡车、粮车以及各式人等。作为北京城西南的交通枢纽，卢沟桥是连接北京城的重要通道，又是河道运输的渡口，久而久之便围绕此地形成了重要的商业交易中心。

此外，金朝史料记载，明昌三年（1192年）卢沟桥建成之后，有官员认为卢沟桥是重要的交通枢纽，为便利往来的客商停留歇脚，请求在河道两岸建造一批廊房。这些沿卢沟桥两侧建立的廊房，应该就是被宋人称为“卢沟河铺”的地方。

到了元代以后，卢沟桥两岸的商业贸易已经十分兴盛。当时来到大都城的元代使者马可·波罗在他的游记中记录道：“离开大都城走十英里，来到一条叫白利桑干河的河旁，河上的船只载运着大批的商品穿梭往来，十分繁忙。这条河上有一座十分美丽的石桥，在世界上恐怕无与伦比。此桥长三百步，宽八步，即使十个骑马的人在桥上并肩而行，也不会感觉狭窄不便。这座桥有二十四个拱，由二十五个桥墩支撑着，桥拱与桥墩都由弧形的石头砌成，显示了高超的技术。”

明清以后，卢沟桥地区更是成为京城西

卢沟桥古渡口石碑 / 壹图网供图

南的通衢大道，有着“十八省御道”之称。明朝永乐六年（1408 年），永乐皇帝在开始营建的新都城北京也设立了5处抽分竹木局，包括卢沟桥分局。清代以后，卢沟桥成为京城崇文门关的分税口之一，对从西南陆路进城的商货进行盘查并征税。税则规定，所有来到北京的一切官办物料、客商货物及行李，如果选择车驮从陆路进京，均需要到卢沟桥税局查明件数，并送广宁门转押，再经过崇文门税署查验有无偷税，分别放行，可见卢沟桥作为京城西南的通京大道，其地位十分重要。

翻开历史的画卷，我们可以看到，南来北往的客商商贩，远涉重洋的东西洋商携带着大量的奇珍异宝，寒窗苦读的文人志士，分封在外的勋戚贵僚，他们各自带着不同的目标，穿越了重重阻碍，到达京城之前必须先踏上这条有着悠久历史的古道，由此共同架构起一条封建帝国统摄天下的宏伟图卷。沧海桑田，几经变迁，在历史流淌的长河当中，有消失的，有重现的，有新生的。而这条雄狮驻守着的古桥，依旧沉静、稳固，它与桥下缓缓流淌着的永定河水，一同经历着岁月沧桑。

京西古道
——连接门头沟与北京城的古丝路

文/余思南

倘若从飞机上俯瞰门头沟区，你会发现这片位于北京城区最西边的区域，其南部、西部和北部基本上都被山地包裹着，不熟悉它的人很容易会产生重山阻隔、交通落后的印象。而事实上，这里不仅现代交通顺畅发达，古代也是最具交通规模体系的区域，辖区内各种交通道路纵横交错，四通八达，比如今天人们口中的京西古道，就是从元代以来陆续形成的，连接山西、内蒙古与北京的重要通道。

京西古道是门头沟的深山古村之间繁杂道路系统的总称，按照用途它大致分为商道、军道、香道3个类型。其中，西山大道主要承担商旅、军事用途；妙峰山香道、庞潭古道、芦潭古道等主要为宗教用途。在京西古道系统中，西山大道最为瞩目，是名副其实的能源之路和国防要道。

波涛之上蹄声紧，大道起始三家店

在西山大道北道出入口的三家店是个占据地理优势的村落，它毫无悬念地成为门头沟山区物产的集散地，也是山区与平原地区、远郊与城市的人们相互接触交流的前线。所以三家店之于京西古道，就相当于张掖之于古代丝绸之路。

西山中的煤炭、木材、石灰、蔬果，经古道运出山，经渡船或板桥过河后悉数在此集结、转运、交易；每年还有络绎不绝的妙峰山香客由三家店走上香路南道，三家店更成为他们往来妙峰山碧霞元君庙途中打尖住宿的不二之选。地理位置的优势不断助长着三家店商业的发达和村落的壮大，煤厂、商铺、会馆、寺庙俱全，大者如天利煤厂，占地3508平方米，主体建筑至今仍保存颇好，

京西古道上坑洼不平的蹄窝见证着曾经商业的繁华 /cnsphoto 供图（冯军 摄）

古寺如白衣观音庵，始建于唐代，经历代使用和维修仍屹立在三家店街中，默默见证着三家店由一个渡口发展成为西山商业重镇和铁路小枢纽。

今天的三家店，尽管已是门城一隅，却也不乏人气。那条穿村而过的大街依旧人声鼎沸，村西的丰沙铁路与村南的石门路更是车流不息，三家店活力依旧。

一路向西沧桑尽，军商大道看今昔

北岭地区是古道中的重要节点之一，北、中、南 3 条干线，以及夹在其中的条条支线都在这里相遇。北岭地区的历史至少可以追溯到明代，刮草地（瓜草地）、安家滩、王平口、黄石港、抢风坡、十字道、青山岭（南 / 北岭）等地名，都在明万历年间的《宛署杂记》中被悉数记录。这些村落中，安家滩的变化之大最令我嗟叹不已。在煤炭开采历史悠久的北岭地区，似乎种地和下矿井就是外人想象的全部劳动范畴了，然而安家滩却传承着一项更加生活化的手工技艺——砂锅制作。

安家滩制作砂锅算是物尽其用——就地取材的软煤矸石辅以煤面儿和黄土制坯，并不是用沙土和黏土。村里最多时有七八个砂锅厂，生产的砂锅不仅在周边抢手，更销至京城和怀来等地。当然，采煤才是这里亘古不变的主题。据记载，1951 年时安家滩曾聚集有16个国营煤窑。而现在，骑行者和徒步者穿行于整修后的潭王路上，看到的是栽着枝枝新苗的修复后的矿山，山中再无乌金出，但那份记忆却没被忘却。

同样，岁月的洗礼让古道北线和中线的人文景观截然不同。北线沿途历来充满着田园小清新风，韭园、桥耳涧、东西落坡、东西马各庄等村落，正是元人马致远笔下"枯藤老树昏鸦，小桥流水人家，古道西风瘦马"的真实写照。马致远的故居也被认为在西落坡村，牛角岭的蹄窝上似乎昨天还有骡队吭哧经过，临村而行的109国道更让它们跟上了时代的车轮，古朴而不作古。

远在西部的斋堂却是另一种情形。无论是车马辐辏的古道时代，还是引擎轰鸣的当下，它都在舞台中心，从未离开。西山大道由东而来至斋堂后，又分为若干线路，作为枢纽的斋堂，是门头沟西部名副其实的经济中心。斋堂不仅有着优质的煤炭资源，更因靠西的地理位置充当着门城与涿鹿、怀来地区的"中间人"，旧时斋堂川生意人有"上矾山，下城子"的说法，听起来颇有当代一些边贸城镇的味道，做着沟通门头沟内外的桥头堡。通过李甫宝先生的《斋堂地区的商业》一文我们可知，当时衣食住行各个方面的商业店铺一应俱全，似乎并不亚于现在的兴盛程度。

檀烟萦绕人烟盛，漫话京西古香道

香道意为进香礼佛之道路，是京西古道的重要组成部分，其风景幽丽，亦是赏景之旅。

过去，门头沟至娘娘庙，主要利用香南道，即三家店出发经琉璃渠、龙泉务、陈家庄，再翻过十八盘，经桃园、南庄、樱桃沟、抢风岭、三岔涧（涧沟村）等地至山顶。一路沿大河和沟谷上溯，行路途中的山水景观，就足以缓解香客在旅途中的枯燥心情。诸如桃园附近的阴山石刻门联，南庄附近被奉为"宛平八景"之一、名为灵岩探胜的滴水岩，樱桃沟北山的金代皇家寺庙栖隐寺，等。如今，妙峰山南道的主要部分都已被公路取代，人们驱车前往妙峰山皆依赖此路。

戒台寺、潭柘寺皆为佛寺，两寺直线距离不到6000米，自门城前往潭柘寺的信徒，有门潭古道、麻潭古道、庞潭古道等道路可选，前往戒台寺一般通过庞潭古道——与108国道走向类似。门潭古道由圈门入山，直接盘过圈门沟和鲁家滩小盆地间的平安岭即可到达潭柘寺，路途为各道最短，只有三四千米。1929年，蒋介石去潭柘寺进香便选择了此路，乘汽车到圈门后，改乘山轿经门潭古道前往。麻潭古道自麻峪渡河，西行至冯村、万佛堂后越红庙岭，然后逐渐下到桑峪、平原村至潭柘寺。这条路上现存万佛堂—"蛤蟆石"、桑峪村—平原村等几段保存完好的古道路面，还有万佛堂塔、万

始建于辽金时代的娘娘庙坐落在海拔 1291 米的妙峰山上 / 北京电视台供图

佛堂村过街楼等古迹。

古道新生

今天的京西古道依然散发着特有的魅力和香气。随着人们对历史和遗产保护认知的加强，这条连接门头沟与京城的古丝路被赋予了更多新的功能和活力。城里的人们来到古道，或漫步山野，或驱车探秘；白天上香礼佛，夜晚古村借宿。过去骡马结队数日才能走完的行程，如今驱车自驾数小时即可游览一遍。这就是古道的新生，古往今来，它并未消失，反而更加鲜活。

永定河上的古渡口

文/尤书英

永定河在北京流径约 170 千米，曾孕育了众多的大渡口和小渡口。或许是北京地区的地理特征使然，或许是京城特殊的历史背景，每一个古渡口都有不同寻常的故事。“九五之尊”的天子，南来北往的使节，虔诚礼佛的香客，寄情山水的文人墨客，熙熙攘攘的商贾，甚至金戈铁马的对战厮杀，都曾在古渡口留下足迹。

永定河是条季节性河流，并不是在一年当中既有渡船又有桥梁，而是在有的季节有渡无梁。这与永定河的特性有关，每逢汛期或遇有洪水涨发就要撤掉浮桥或板桥，行人靠渡船过往。在漫长的古代社会，北京作为我国北方的中心城市，无论是经济、文化、军事都在这里冲撞和融合，古渡密切了京城与外界千丝万缕的联系，承载的是与时代对接的多元文化。古渡无意，却记住了一个又一个的传奇。

卢沟古渡

《北京通史》载：“北京历史上最早的城市位置一直是在现在的北京城的西南部，即今西城区广安门一带，直到元代才向东北转移。这与古代蓟城需要接近永定河卢沟渡口和利用这条河的水利有关。”

卢沟桥上曾经繁忙的驼队/来源于永定河博物馆（尤书英 供图）

卢沟古渡是畿辅咽喉，金中都建成之前，永定河古渡口上一直有浮桥或木桥连接华北平原和北京小平原。金明昌三年（1192年），卢沟石桥建成，这使太行山东麓的南北大道最容易中断的地方通行无阻，深刻影响了北京城后来的发展。存藏于中国国家博物馆的《卢沟运筏图》，描绘了600多年前的卢沟古渡，桥下木筏成排，顺卢沟河而下，桥上车骑往来、行人不断，桥的两头客舍林立、酒幌高悬，展现出一派热闹景象。

卢沟古渡作为民族融合的通道，是使者往来最多的旱路枢纽，是联结百年通好的典型见证。渡口方便了人们的来往，也使文化得到延伸，幽燕地区成为南北文化的枢纽地带，促进了各族人民的交流融合。

而卢沟石桥建成后，原本就是交通要津的渡口更加繁忙，经过者络绎不绝。当时的交通条件有限，从卢沟桥或长辛店到北京城大约需要半天多甚至一天的时间，因此进京的客人头天晚上便在此地找客店住下，第二天一早赶往京城；而出京的人走到这里也大都会在这里歇脚，第二天继续赶路。卢沟古渡又是为京城服务的重要物资集散中心和商业重镇，自明时设抽分竹木局，对芦苇、稻草、茅草，以及竹、木材、煤炭、木炭等抽分（抽分是采取一次性抽取实物税的办法）。

“卢沟晓月”是燕京八景之一，也是人们发挥诗兴的地方，古渡的两岸风情、远山、河流、石桥、晓月、晨曦被文人墨客争相吟诵，在他们的文章和诗句里有思念、有惆怅、

卢沟桥已成为爱国主义教育示范基地 / 尤书英 摄

有沧桑、有慷慨激昂，也有憧憬希望，宛若岁月遗留下来的年轮，让我们至今仍可知道很久以前的故事。

在历史的长河中，卢沟古渡目睹了人世离合、民族的崛起，也曾饱受战争的苦难，演绎了一个又一个可歌可泣的悲壮故事，其承载的艰辛和厚重是世间少有的。

庞村古渡

庞村早在唐代就成村，位于石景山下的永定河东岸，庞村古渡因村得名，因紧挨永定河，历史上一直是防洪重点。明人刘侗在《帝京景物略》中生动地描述了经石景山板桥过河时的情景和心理动态："河迅岸危，石不得趾，而桥之以板。行板者委身空中，无傍借，踏踏闪闪无详步。而目下见水，水势慑目。桥则蜿蜒，强者欲趋，苦前；恇者欲蹲，苦后。"

庞村古渡是货物往来的重要渡口，有诗曰："仆夫乱流竞千喧。"皇廷在这里设有杨木厂，明清年间皇宫炊爨或焚燎之用的木柴经上游漂流而下，在庞村上岸后堆放，现在石景山区的养马场村便是由此演化而来。临近渡口的北辛安，在元代时成为煤炭的集散地，继而发展为石景山地区的商业中心。

与庞村隔河而望的石厂村，盛产石料，因明廷在此设立采石厂而得名。据石厂村遗存的碑刻所记，建造皇室晟、太宗等庙，启祥等宫，玄极宝殿、奉先等殿，天寿山诸陵寿宫、行宫，清虚观、金海大桥、慈庆宫、慈宁宫等建筑所需石料皆采于此。这里的石料石质坚硬细腻，经久耐用，不易风化。

石景山古迹众多，深受历代皇家的青睐，庞村古渡也因此身价不凡。明万历皇帝曾至石景山，"观浑河"，"登板桥"。嘉庆十七年（1812年），明廷在石景山建行宫，行宫内正殿御题匾额"镜澜堂"。清朝康熙、雍正、乾隆、嘉庆等多位皇帝也到过石景山。

由庞村古渡过河至潭柘寺的这段古道称庞潭古道。永定河畔佛教文化浓厚，寺庙众多，庞潭古道是一条著名的古香道，是善男信女进香礼佛的往返之道，也是僧人求法、弘法之道。庞村古渡早些时候是板桥，桥有两道，后设铁索桥。1937年"七七事变"以后，日本盘踞石景山地区占领渡口，切断了庞村与对岸的交通。

麻峪渡口

麻峪村西濒永定河，历史上有过河的摆渡和季节性的板桥。据《石景山区志》记载，清代末年清廷派王德榜修筑三家店、老店、麻峪、庞村、衙门口、卢沟桥一线左岸河堤，

石景山古迹遗存——庞村古渡 / 尤书英 摄

指挥部设在麻峪村。王德榜见行人涉水过河不便，便与村中管事刘天祯商量，在村西建板桥。

板桥的桥墩是柳条编成的圆囤，囤里填充鹅卵石固定，3 个圆囤为一组，桥面铺有木板。板桥的桥头建有桥房，负责办理过桥收费和负责桥的日常管理。过桥收费时，通常是收费后发给路人竹牌，返回时收回。从麻峪渡口往来的驼队络绎不绝，主要是从河西的浅山煤窑出发前往京城。板桥建成以后，一些运送煤炭、物资的驼队，可从门头沟经麻峪走广宁村、北辛安、古城、八角村、衙门口村、鲁谷等分别进入阜成门、复兴门、西便门或广安门，无须再绕行三家店渡口，节约了往返时间。

近代书画家周肇祥曾与友人畅游西山，他在《琉璃厂杂记》中记述了从麻峪过河时的情景："万佛堂在浑河西，距戒台、潭柘皆十数里。为看丁姓屋材，自三家店下车，取道麻峪。田家放水，道多冲坏。驴陷淖中，几及腹。陇麦青茁，间以桃树，春来好图画也。峪西村庙后一古槐已槁，皮尽脱，若死灰僵石，千年外物。浑河水落，土人编柳为笼，满贮鹅卵石迭河中。架木为桥，便行旅。”

麻峪是玉河古道的起点，因穿过古时的玉河县而得名。自麻峪过永定河，经大峪村、东西辛房、门头口、天桥浮、孟家胡同、啦啦湖、官厅到峰口庵，再经黄石港、北岭到王平口，或经十字道至王平口，便是古老的玉河古道。玉河古道文化遗存众多，有关隘、窑址、古寺、古村，还有多处密集的蹄窝，印证历史留下的艰辛与繁华。

从麻峪渡口到潭柘寺则有麻潭古道，自麻峪村过河经侯庄子、桥户营、曹各庄、万佛堂等村，越红庙岭，过桑峪、平原村到潭柘寺。至今，人们还会呼朋唤友，在古道上徒步，在古老的麻峪村头探寻那古渡口曾经的模样。

三家店渡口

就永定河上所有的渡口而言，三家店渡口是最具代表性的，它是一个大渡口，处于永定河出山口的左岸，三家店村的西口。因地利之便，成为京西古道上的锁钥，既是京西通往京城的咽喉要地，又是西山多条古道的起点，在交通中的地位很高。

三家店渡口曾设有两座板桥，“西板桥”设在三家店与琉璃渠村和龙泉务村之间，“东板桥”则设在与对岸的城子村之间。1923 年 12 月，由法国人设计和承建，当地的民工施工的京门公路桥——三家店大桥建成通车，这也是永定河上的第一座公路桥，但人们仍习惯从渡口过河。渡口有木船摆渡，一直使用到 20 世纪 60 年代初期。三家店村有铁锚寺，曾供奉一只重达 400 斤的大铁锚，是在村旁的河道中挖出的，这显然是古渡的遗物。

三家店村特殊的地理位置使古渡成为西接进山古道，东至京城的繁华渡口，也成为旧时货运来往、中转的落脚之处。来自山里的大量建筑材料、煤炭、木炭，以及果品、土特产等源源不断地运到这里转运或出售；而来自京城或平原地区的货物也贩运到此，商业兴旺，人烟稠密。

三家店渡口之所以成为商业重镇，与当地经济发展有密切关系。在辽代，与三家店村隔河相望的龙泉务村已经是华北地区最重要的官窑瓷器产地之一。从那时起，京西地区的生产与生活用品便与京城结下了不解之缘。

在龙泉务古窑址出土的还有琉璃制品瓦当、筒瓦等，这些建筑构件无疑是宫廷或庙宇的建筑构件。龙泉务村的近邻，“中国历史文化名村”琉璃渠村，曾是元、明、清三代皇家指定的专门承造皇家宫殿、陵寝、坛庙等各色琉璃的官窑。凡古代瓷窑的窑址，都会靠近河流，为的是用水和运输方便。三家店渡口使当地生产的生活用品、建筑构件，

三家店渡口旧时的板桥 / 来源于永定河博物馆（尤书英 供图）

源源不断地从彼岸运至京城。

三家店渡口也是京西最重要的煤炭集散地或中转地。门头沟盛产煤炭，在生产、交通比较落后的情况下，任何煤窑都很难做到挖掘、运输、销售一揽子完成。三家店在历史上经营煤炭的煤场有数十家，专门从事煤炭收购、储存、运输、销售等，至今三家店还有旧时煤栈的遗址。

此外，三家店渡口还是妙峰山进香南道的起点，在此过河，经琉璃渠村、龙泉务村、陈家庄村，越过仰岭，经桃源村等至妙峰山。每逢开山，这里将汇集无数朝顶进香的香客和花会组织，场面壮观，实属罕见。沿途有数十座茶棚供人敬神、上香、叩拜，还为香客提供缝补、粥饭等服务，香客也可沿途小憩。

远山如黛，近水含烟。繁华虽已谢幕，三家店渡口仍是永定河上一个亮眼的坐标，被今人久久缅怀。

永定河还有很多有故事的古渡口。比如，在北京境内，永定河下游有著名津渡——十里铺渡口，连接清朝南巡御道，康熙帝巡幸五台山，自霸州至固安，便是由十里铺渡口过永定河回京的。在永定河上游有沿河城、王平等 10 多个渡口，有的渡口在抗日战争和解放战争中曾是从未中断过的秘密红色交通线。

岁月无痕，沧桑有迹。无论是大渡口还是小渡口，每个渡口都与永定河有着说不尽的渊源，因为母亲河而沉淀了厚重的历史和文化。

陆路行余水路循

——永定河漕运

文/许辉

在隋唐及以前，永定河下游河段就曾被用来运输粮草兵丁，有航运的功能，因其分支多汊，水量丰富，疏浚运河、舟行船运其实是一件比较便利的事情。辽、金、元相继在北京建都之后，这里成了北方乃至全国的政治中心，对粮食及各类物资的需求随之剧增，漕运的重要性日益突出，利用永定河漕运物资也就顺理成章。

隋唐永济渠与桑干河

永定河的航运史，可追溯到隋代。隋唐时期，永定河开始被称为桑干河，其主流河道也逐渐迁徙至灅水故道，分为南北两派，其中北派就是清泉河，这一时期水量依旧较为稳定和丰沛，因而也曾行船通漕，有航运之利。

《日下旧闻考》卷一百零四《郊坰（西十四）》中收录了一篇明代僧人南浦所撰写的《重修镇海禅寺记》碑文，这则碑文记载了隋朝仁寿年间的一件事情：有位卢姓高僧，从江南乘船北上，他不设篙橹随船而行，船最远走到哪儿自己就到哪儿留下，即“船止则止”。他顺南北大运河北上，又逆桑干河继续行进，直至幽州西山脚下而止。这位高僧便就此住了下来，附近的一座山也因这位高僧在此讲经而得名卢师山（在今八大处附近），山下建寺，亦称卢师寺。这个颇具神话色彩的故事，从一定意义上说明了隋代的桑干河是可以行舟的。事实上，当时的河流通航能力远不止于此。

桑干河在历史上曾经发挥过巨大的作用，是京杭大运河其中的一段。为了加强南北交通和征伐辽东，隋大业四年（608年），

永定河流域秋意浓 / 全景视觉供图

朝廷动用河北数郡百万余民工在黄河以北开凿永济渠，从今河南武陟县，向东北，经新乡、内黄、大名、馆陶、清河、德州等地，与潞河（今北运河）连接，沿潞河北上，至雍奴县（今武清区杨村西北）北，转向西北，顺桑干河北派清泉河（今凉水河、凤河一线）而上至涿郡。

永济渠的开通，大大缩短了南北交通的时间，增加了漕运的规模和运力。大业七年二月乙亥（611 年 4 月 7 日），隋炀帝自江都行幸涿郡，“御龙舟，渡河入永济渠”，四月庚午（6 月 1 日），隋炀帝就到达了涿郡的行宫临朔宫。循南北大运河自今江苏扬州到北京，只需不足两个月的时间。通过亲自实地考察从南到北便捷的水路运输，隋炀帝很快开始了征伐辽东的军事准备，利用运河将黎阳及洛口诸仓的米粮运到涿郡，运送铠甲兵器以及其他军事装备的船只绵延上千里，参与运输的民工有几十万之多。大业八年正月辛巳（612 年 2 月 7 日），各路大军 100 多万汇集涿郡，号 200 万，旌旗招展，排开达到 1000 多里。这里面不乏夸张渲染，但是为了征讨高句丽，隋王朝建国之初就有征辽的意向，隋炀帝倾举国之力，将各种战备物资运送到涿郡，规模也极其庞大，为此消耗国力惊人，引发了亡国之祸。

唐代利用桑干河漕运军粮仍然可行，贞观十八年（644 年）将伐辽东，太宗命韦挺督运粮草。韦挺到幽州后，一边让燕州司马王安德检查河渠通塞状况，一边用幽州府库的钱财买木造船，从桑干河运米前行直到卢思台。刚好视察的王安德返回报告卢思台以下漕渠壅塞，韦挺也因为北方冰雪气候不利于行船，于是将军粮卸在卢思台等来年春天冰雪消融，河道通畅后才运粮。虽然韦挺因不察时节、不了解水路情况导致运粮草延误而被罢职，但是仍可以看出永定河为当时军事运输提供了极大的便利。

萧太后运粮河

辽金以后，开辟永定河水路运输已是当时共识。契丹人建辽南京时期，他们也利用永定河故道开发漕运功能，留下了一条至今遗迹尚存的“萧太后运粮河”。这条河大致开凿于萧太后与辽圣宗主政早期——统和年间，正好是辽朝国力上升、占据燕京并挥师南下、开拓中原之际，所以，民间传说它是萧太后从辽东向燕京地区运输兵马粮草的一条运粮河。说是“开凿”，其实并没有太大工程量，只是利用当时残留的古永定河河道稍作疏浚、整理、连通后而形成的。

辽萧太后运粮河最初是为契丹政权南下中原输送粮草兵力，宋辽对峙期间更是为辽南京城的发展提供了物资保障。可以说，它是改造天然河道、沟通北京城与北运河漕运的开端，为金代开通闸河、元代开启通惠河及京杭大运河提供了基础和启发，因而，它的出现具有划时代的意义。在后来大运河漕运兴盛期，它也曾作为支系发挥着水流调节和民船分流的作用。明清以后，它随着通惠河和北运河的发达而逐渐失去运输功能，成为城市排水渠道，在今朝阳区南部左安门外向东流至通州张家湾后汇入凉水河的一段，就是其遗迹。

金元两朝的金口河漕运

金朝迁都北京后，粮食供给依赖于华北大平原。借助于隋唐以来不断疏通、改造的华北水网，利用天然水道和各条人工漕渠，漕粮及各种物资汇集到今天津地区以后，仍循潞河（今北运河）到今北京通州。通州也因是漕运枢纽而由潞县升为通州，取“漕运通济之义”。从通州至中都城约 50 里，随着都城人口规模的扩大、居民消费的增加，每年漕运多达几百万石，只靠车拉肩扛，所耗费人力畜力难以负担。因此，在中都到通州间开凿一段运力大、流量稳定的运河就成为金朝政府着力要解决的问题。

由于卢沟河是当时流经北京地区水量最大的一条河流，它理所当然地成为引水济漕的首选。金世宗于大定十年（1170 年），召集朝臣会商引卢沟河水通漕方案，决定从金口引卢沟河水到通州潞河。这条金口河，也是利用了卢沟河的金钩河故道，所引卢沟河水经过金口向东流出，入金中都北护城濠，经中都北护城濠再往东，下接今通惠河河道。

虽然金代开金口河的设想是诱人的，金世宗给予的期望也很高，但是工程很快就失败了，因为渠口居高临下，卢沟河水湍急而

元代由郭守敬主持修建的漕运河道——通惠河 / 壹图网供图

浑浊。汛期时激流旋洄，崩岸毁堤；枯水期则泥淖淤塞，积滓成浅，不能胜舟。金世宗十分遗憾工程的失败，否则华北平原的货物将能顺利运到京城，大大降低物价。

此后，金朝仍是心有不甘地多次予以改造修缮，聘请熟悉水利、河道的人去勘察、规划，但终因越来越严重的卢沟河水患，让金口河成了一条金中都头顶的悬河、险河。金世宗大定二十七年（1187 年），为了保住都城安全，不得不将金口堵塞，以绝后患。此次开金口河虽然失败了，但它给后人提供的经验和教训却很多。元朝人在金口河的进水口重做文章加以改进，较好地发挥了这条河的漕运功能。

随着蒙古兵占领金中都及黄、淮以北地区，忽必烈汗积极筹划新都城的建造，准备迁都。为此，需要运送规模庞大的木材、石料等各种建材物资，这些物资或采自西山，或从南方调运，依当时的交通条件，水运是最有效率的一种方式。元世祖至元二年（1265 年），郭守敬向忽必烈汗建议重开金口河，得到了忽必烈汗的赞赏，他被授权全面负责元朝的水利工程。郭守敬吸取金朝人失败的教训，为防洪水，特意在金口（今石景山与四平山—红光山之间的垭口）的上游麻峪村附近，预先开引一个减水口，从减水口向西南再凿一段又深又广的水渠重新连接金口以下的卢沟河，这样洪水突来时可以从减水口把洪水分出大部分流向西南，使之在金口下游回归主河道，从而避免了洪水直接从金口灌入金口河威胁到旧中都城的安全。由此，导卢沟水运送西山木石，为修建

永定河通过官厅山峡的河段 / 尤书英 摄

大都城提供了一条重要的运输通道。

但是，卢沟河汛期暴涨的特性在元朝表现得更为明显，致使金口河决堤，时时发生严重水灾。至元九年（1272 年）洪水顺着金口河冲入新、旧（指旧金中都）两城之间，破坏十分严重。御史魏初等大臣建议堵塞金口为宜，以免后患无穷。但当时漕运西山木石修建新城的任务紧急，只能冒险利用。到元大都城建成以后，为了都城的安全，金口河的洪水隐患就不能坐视不顾了。元成宗大德二年（1298 年），浑河又一次泛滥，大都路都水监就下令把金口闸门关闭，又在金口河泛滥处加筑堤坝，才挡住了洪水。从至元三年（1266 年）到大德五年（1301 年），金口河被利用了 35 年。

随着大都城的建成，都城在政治、经济、文化生活等方面需求都在不断增长。庞大的中央官僚机构、众多的驻军和几十万的都城居民，其对粮食和财富的需求，仅靠北京及周边地区是无法满足的，只能仰赖富庶的江淮和江南地区。元朝末年，漕运不足的困境日益加重，再开金口河的议题又被提起。

但议题一经提出就遭到了激烈反对，但是，在当权者中书右丞相脱脱的强势推行下，金口河依然在一片反对声中重开。这一方面是迫于通惠河漕运难以为继的压力；另一方面是由于大都城对西山煤炭、木材需求量的增加。当时人们期待金口河开凿成功后，就可以像元初运送木材石料那样将西山的煤炭用船大量运进城里。

这次重开的金口河与金时和元初的又有不同，史称“金口新河”。金口新河的下游走向是经今人民大会堂西南侧，至丽正门前第二桥后，向东南经原崇文区三里河，下接萧太后河，然后在张家湾附近接入运河。元顺帝及脱脱等对这条新河寄予了厚望，也做了种种措施预备不测，但是，待金口起闸放水之时，突入的浑河水汹涌而来，导致沿岸险情不断。最后只好放下闸板关闭金口，永不启用。至正末年，金口河彻底废涸。

另外，从漕运角度还须一提的是，元明时期，浑河至看丹口分为两派，其北派（大致即今凉水河的河道）之水至张家湾、漷县，汇入白河，壮大了北运河水量，这也是永定河为元明数百年的漕运兴盛做出的贡献。

兼容并蓄集大成

——永定河流域的宗教文化

文／郑永华

永定河流域的宗教文化建筑，具有数量多、种类全、名气大、年代久、保存好等特点。永定河上游的桑干河流域，有举世闻名的世界艺术宝库云冈石窟，有辽代佛教圣地华严寺。浑源县内，有被著名旅游家徐霞客誉为“天下奇观”的悬空寺，有元代的壁画杰作永安寺，凡此等等，不胜枚举。北京的门头沟区，则犹如这条宗教文化带上的亮丽明珠，据不完全统计，门头沟区境内有大大小小的各类寺庙 375 座，自汉唐以来持续绵延 2000 多年。此外还有独具地方特点的永定河河神庙、采煤者供奉的窑神庙等。永定河流域悠久、丰富的宗教文化，兼容并蓄、异彩纷呈，生动地体现了文化的多样性和发展的持续性。

永定河上游地区的寺庙与佛教文化

处于永定河上游地区的大同，北魏时期曾经作为都城，辽金时代又为陪都，因而在境内留下了内涵丰富的宗教文化古迹。大同的佛教文化始于东汉，北魏、辽、金时期臻于极盛，元、明、清三代持续相沿，获有“佛都”的美誉。最著名的有云冈石窟、恒山悬空寺、华严寺等。

云冈石窟是佛教东传后中外文化融合的丰碑。其中早期的昙曜五窟既继承了汉代以来传统佛像雕刻艺术的精华，又大力融合来自古印度的艺术特色，“雕饰奇伟，冠于一世”。昙曜五窟之东的中期石窟，造型工整，雕饰精美，形成了富丽堂皇的“太和风格”。云冈石窟与甘肃敦煌的莫高窟、河南洛阳的龙门石窟，并称为“中国三大石窟艺术宝库”。

恒山悬空寺建于峭壁间，以险峻而著称 / 全景视觉供图

中国三大石窟艺术宝库之一——云冈石窟 / 壹图网供图

华严寺是中国现存年代最早、保存较完整的一座辽金寺庙建筑群 / 壹图网供图（下图）

云冈石窟是永定河上游佛教文化的杰出代表，也是闻名世界的中国宗教艺术珍品。

位于浑源县恒山峭壁间的悬空寺，则以如临深渊的险峻而著称。悬空寺曾被评为全球十大“最奇险的建筑”，始于后魏时期，至今已有1500多年的历史。其间经历无数次地震、悬崖滚石的威胁，看似危楼的悬空寺却始终巍然屹立。悬空寺最大的特色是“悬”，远远望去，40间凌空危挂的寺院，宛如玲珑剔透的雕刻镶嵌在万仞峭壁之间。此外，悬空寺选址之“奇”、设计之“巧”，也令人叹为观止。从宗教文化而言，悬空寺则是中国仅存的佛、道、儒三教合一的独特寺庙，充分体现了中国多种宗教文化互相融合、和平共存的特点。

大同古城的西南隅，有著名的华严寺。这是中国现存较为完整的辽金寺庙建筑群，始于辽重熙七年（1038年）。清宁八年（1062年），辽道宗又于寺内奉安诸位帝的石像、铜像，华严寺也成为重要的佛教文化中心。此后作为辽、金两代陪都的核心寺庙，华严寺香火持续鼎盛了100多年。在明代宣德、景泰年间，华严寺又从元末明初的破坏中恢复为佛教寺庙，明中叶后又分为上、下两寺。上华严寺的大雄宝殿是现存辽金时期最大的佛殿之一，四壁满布晚清补绘的巨型壁画，色彩艳丽，画工精细。下华严寺的佛坛上有辽代彩塑29尊，其中“合掌露齿”的胁侍菩萨像最为生动，堪称“神品”，有“东方维纳斯”的雅称。殿内的藏经柜也被著名建筑学家梁思成誉为“海内孤品”，具有重要的科研价值。

永定河北京区域的寺庙与佛教文化

金代海陵王迁都燕京后，中都（今北京）成为中国的政治与文化中心，该地区的宗教文化亦随之繁荣，很快成为北方重要的宗教文化中心。此后历经元、明、清的发展，北京地区更涌现出大批的佛教寺院，在全国范围内都产生了巨大影响。其中相当一部分就分布于西南的永定河流域，尤以云居寺、潭柘寺、戒台寺、法海寺等古刹文化底蕴深厚。

云居寺位于北京西南的房山白带山西南麓，寺内赓续传承的石刻佛经，以及世人瞩目的佛祖舍利，均为重要的宗教文化遗产。云居寺石经，有“北京的敦煌”“世界之最”的美誉。石经始于隋末大业年间（605—618年）的高僧静琬，其后又师徒相继，“凡五代焉，不绝其志”，历辽、金赓续相传，迄至明末。石经与寺内珍藏的明代纸经、清代《龙藏》木经，并称为云居寺的佛经“三绝”。佛祖舍利是云居寺又一轰动海内外的佛教文化圣物。明万历二十年（1592年），高僧德清、达观在雷音洞中，发现了相传始于释迦牟尼的佛祖舍利。经皇太后迎入皇宫“供养三日”，复归藏寺内。此后直到1981年冬，云居寺将珍藏的赤色肉舍利再次发掘出来，轰动海内外。云居寺舍利是目前世上唯一珍藏于洞窟的佛祖舍利，与北京八大处灵光寺

北京云居寺收藏的唐代白石佛塔 / 全景视觉供图

潭柘寺是北京地区最早的佛教寺庙，图为潭柘寺塔林 / 全景视觉供图（下图）

的佛牙、陕西西安法门寺的佛指，并称为佛教界的“海内三宝”。

潭柘寺位于北京门头沟区东南，相传始于西晋永嘉元年（307 年），是北京地区最早的佛教寺庙，因而民间传有“先有潭柘寺，后有北京城”的说法。唐代高僧华严和尚、从实禅师，对潭柘寺的发展起了重要作用。金熙宗赴潭柘寺礼佛，开创了皇帝进香、赐名的先例，极大提高了潭柘寺的政治地位。明初又有日本僧人德始入住，成为中外佛教文化交流的宝贵见证。现存的潭柘寺保持了明代佛寺的布局与规模，又有较完整的清代行宫，成为中国佛教文化的杰出代表。

潭柘寺东南为著名的戒台寺。寺中戒坛、经幢、佛塔等建筑，是罕见的辽代佛教文化珍品。其中的汉白玉戒坛位居中国三大戒坛之首，为明代遗物，被誉为“天下第一戒坛”。戒台寺在京城内外有着广泛影响，著名文学家曹雪芹的祖父曹寅就写过一首《马上望戒坛》的诗，称“据此相看如一梦，因缘还欠戒台松”。晚清时期，又有恭亲王奕䜣出资将寺内的罗汉堂、千佛阁等建筑修葺一新，并将自己居住的北宫院营造成为闻名遐迩的“寺中花园”，巧妙呈现出北方传统四合院与江南园林艺术的完美结合。

位于石景山区翠微山南麓的法海寺，则以精美的明代壁画著称。法海寺始于明正统年间，规模宏大。久经沧桑之后，法海寺仅存山门、大雄宝殿等少量建筑，蜚声海内外的明代壁画，即保存于大雄宝殿内。壁画距今已有 550 余年，但仍保持着鲜艳夺目的色彩，充分反映了明代中期高超的宗教塑画艺术水平，堪称佛教文化艺术的瑰宝。法海寺壁画是北京现存历史最悠久、保存最为完整的明代壁画，在中国壁画艺术中占有重要地位。

永定河流域的宫观道教文化

根源于中国本土文化的道教，在永定河流域内也留下了大量遗迹。其中不乏国家级、省级的重点文物保护单位，如上游赤城县的金阁山灵真观、万全县洗马林玉皇阁、蔚州关帝庙、涿鹿县文昌阁、阳原玉皇阁等，不胜枚举。下游武清区，明清时期遍布城乡的 200 余座庙宇，也多为道教的祠庙。不过永定河流域内供奉道教神祇的宫观数量虽多，但规模却相对较小，文化影响也以地域特色为主。

蔚县真武庙，是真武信仰在北方盛行以后的产物。当地传说蔚州八百村堡均建有真武庙，而以州城的真武庙级别最高。蔚县真武庙四面建筑环绕，加上封闭式转角结构，独具特色的天井，颇具匠心古意。正殿卷棚东西墙面上的壁画，是尤为珍贵的道教文化遗物。这幅呈现真武信仰的道教壁画上，人物仅比真人略小，细腻传神，给人以强烈的艺术震撼。对于研究真武信仰在北方民间流行的特点，具有重要的文物价值。

位于河北蔚县的真武庙 / 全景视觉供图

由于历史上的永定河水灾频发，永定河河神上升为国家正祀，具有特殊的文化内涵。金代迁都北京后，永定河成为关乎都城安危的重要河流，河神庙的规格迅速上升。金代封永定河河神为“安平侯”，元晋封永定河河神为“显应洪济公”，又加封上游桑干河河神为“协应广济王”。永定河流域曾兴建过多座河神庙，现存最大的永定河神庙，为石景山区的北惠济庙。北惠济庙为清雍正帝敕建，龙王殿内“安流泽润”匾额为雍正帝御笔，殿前“畿辅安澜”匾额则为乾隆帝御笔。四周高大的墙垣，也显出敕建河神庙宇的高贵气派，充分见证了清代治理永定河、竭力保护都城安澜的历史。

京西距城 110 余里的妙峰山，清中期以后则以“金顶”之殊誉，成为北京乃至华北地区泰山娘娘信仰的民间“圣山”，产生了重大而深远的影响。与此同时，自民国以来，以著名学者顾颉刚为代表的中国民俗学界，对妙峰山香会进行了多方面的持续考察，使之成为中国民俗学的发祥地。因而在中国民俗学的兴起、恢复与发展史上，妙峰山占有关键的重要地位。这亦从另一个方面，充分展现出永定河流域古寺名刹所蕴含的巨大文化价值。

土

金木水火土

木生火
火生土
土生金
金生水
水生木

第五章 土

《永定河》第四集
《人情风土》

本集导演：谭炎 崔大巍

天池的一滴水自诞生那一刻便开始了它的使命：时而静静流淌为生灵带来甘露；时而奔腾东去化沙碛为膏腴，带来良田沃野；时而盘桓停驻，留下一方美景；时而步履匆匆，一往无前，汇于大海。

永定河不仅是一条与北京生命与共的母亲河，更是一条岁月和文明的长河，受河水孕育滋养的人们千百年来上律天时，下袭水土。在这片水土之中，人们以勤劳、勇气、智慧缔造着一个个真实的传奇，这是身与土的故事，这是人与河的情缘。

山峡人家

被泥河湾的湖水切开的山峡，我们称之为“官厅山峡”。人们行进在其中，安静的山、柔美的河相拥相依。然而在20世纪以前的数百年里，永定河总是以桀骜不驯的脾气给人们带来困扰。每年惊蛰，永定河开河，冬季气温较高时开河并不惊人，人们称之为“文开河”。但如果冬季过于寒冷，冰层累积到一定厚度，一场人们所说的“武开河”——凌汛，会使得沿岸的百姓寝食难安。

关于永定河武开河的壮阔场景的传说，到现在也还在大山深处的碣石村中流传着。永定河冲刷后留下的巨石在村中随处可见，按照“立石为碑、卧石为碣”的说法，这个山中小村被人称为“碣石村”。古时碣石村以炼银出名，3千米外的珠窝村，沙石含银量高，但必须和碣石村的土结合才能炼出银子。当地家家户户都炼银，这一带曾流传着“碣石的土，珠窝的沙，一两炼出一钱八”的民谣。

碣石村不仅地质地貌特别，地势也奇特，既位于山谷之中，又处在海拔600米的“高地”之上。永定河泛滥时经过碣石村前的河道直接流往更低的山谷。永定河是季节性河流，一年中旱涝交替，最为神奇的是，碣石村有一个储水层，一部分河水渗透在村中的地层里。人们无须害怕永定河无定的脾气，只需挖开一个浅浅的洞穴便能接受河水的滋养，人们称这样的人工洞穴为井。

永定河开河景象 / 尤书英 摄

井在尧帝时期就已经成为人们利用地下水的有效方式，碣石村有72眼井，有京西“井养文化”第一村的美誉。如今，在百年老树的树荫下，精致的民宿让古老的院落焕发了青春，它与远道而来的各路游客分享着古村、古井的故事。

元代学者熊梦祥所著《析津志》中写道：“西山斋堂村有水磨日夜可碾三十余石。”那个时候，永定河上下游直至京城，沿岸水磨的使用极为普遍，马兰村、军响村都有水磨，当地有民谚“清水的腿儿，灵水的嘴儿，军响的水磨碾金子儿”。可见，水不仅为村民的生活带来了便利，也带来了可观的收益。

同时，在耕地紧缺的峡谷里，泥沙俱下的永定河，还具有囤泥成田的独特优势。历史记载中，沿岸村庄引永定河的浑水淤田，“化沙碛为膏腴”，不出三年五载就可以扩出数亩上好的农田。

一条河演绎百种生存之道，永定河畔，生存的智慧来自于对河水的利用。一条河奠基了一片沃土，也就此开启了一段千年不绝的文明进程！

万物归土

辽金时代，北京、天津境内的永定河被称为卢沟河、黑水河，“卢”在契丹语里

古梨园迎来梨花怒放的日子 / 北京电视台供图

有“黑色”之意，永定河穿越黄土高原和太行山，进入华北平原，携带着大量的泥沙、矿物质、腐殖质，使河水呈现浑浊的黑色。

大自然不可思议的调配，在千年前的永定河奇妙地进行着，高原的黄土、山中的沙砾、植物的腐殖质、各种矿物质被按照一定的比例绝妙地配比着、混合着，它们在风和土的奔流中不断地被搅动，人们看见的是一条浑浊的河流，却不曾看见那不可思议的调配过程。

最终，慢慢地堆积、沉淀、风干，土便回到了它最常见的形态。

每年初春，大兴区永定河左堤岸边的古梨园便会悄悄迎来一场花季。在梨花怒放的日子里，梨花村里的游人与花各自热闹却相映成趣。梨农们把梨树下沙土地里种的花生用黄土炒熟，香酥适口，很受欢迎。

脆甜的苹果、饱满的核桃、明艳的花朵——在永定河流域广袤的土地中，出产着无数美妙丰硕的物产。独特的花香、果香，都是永定河水系沿岸的特殊土壤成就的结果。洪积冲积扇平原特殊的沙土成分，形成了易于涵养水分、见干见湿的特性，千万年滋养，最终为后代子民留下这许多慷慨的馈赠。

流域文明

在大兴安定村有一片古老的桑树林，这些桑树，树龄在百年以上的就有上千棵，据民间传说，永定河上游桑干河的名字正是因桑树而得名——“桑葚熟时河水干”。桑干河得名“桑干”，每年春夏两大汛期，为患百姓，只有桑葚成熟的季节，河水才

《永定河》纪录片第四集《人情风土》海报

会干涸。大兴的百年古桑园，见证着这段往事和传说。

明永乐元年（1403 年），永乐皇帝朱棣登基，他即位后以“天子守国门”为由迁都北京，而迁都的第一步，就是以移民来充实北京。

史学家考证，永乐年间，大规模的移民共有 8 次，且出发地大多在山西，目的地多在北京，移民达 55 万，有效地恢复了靖难之后战火波及地区的社会、经济，为定都北京奠定了基础。

以大兴区而言，民间有移民 72 连营的说法，但实际有记载的是移民“立营 58”，这些移民的到来使得大兴的户口人数增长了 6 倍有余，从 1 万多人增加到 7 万多人。这次规模宏大、影响深远的移民事件，在正史中仅只言片语可寻，使后人难以追根溯源。

山西是永定河的源头，一路向东的行程中，永定河带去了水土，更带着一方风俗文明流向远方。远隔千里的人们，因着一条河有了割舍不断的因缘。

大河传承

每年正月十四的夜晚，门头沟区十里八桥一带，永定河畔的古村落千军台、庄户两村的幡会代表都会进行一场庄严而神秘感十足的祭幡仪式，为正月十五的幡会请神祈福。

国家级非物质文化遗产——千军台、庄户幡会已传承 400 多年 / 门头沟文委供图

在永定河畔的这片河谷高地之间，国家级非物质文化遗产幡会已经传承400多年。一面面大幡高达9米，有五六十斤的重量，要一人扛起在两村间走会，全程幡不能倒。如果遇上大风，要保持神幡直立是常人难以想象的。如此挑战人力的事情，却从没有缺过扛幡的人。山民们用这样一种独特的欢庆方式向世世代代养育着他们的一山一河告白，感恩大西山与永定河。

在华北地区，每年春秋举办的妙峰山庙会是一种古老的传统民俗和民间宗教文化活动，以春香为盛，在农历四月初一至十五举办，会期半月。妙峰山庙会是农耕文化的产物，古时可以满足不同社会阶层的心理需求和精神寄托，因外埠香客众多，还留下了“妙峰山的娘娘照远不照近”的俗语。太平鼓，则源于萨满祈福祭神的仪式，曾广泛存在于永定河上游的东北、西北和山西高原一带，传袭至今，在门头沟形成了祈求煤窑矿工平安归来的独特仪式。数千年来，人们对天地的膜拜充斥在古往今来人类的精神世界和行为方式之中，来自敬畏，源于感恩，更是对太平安乐的期盼。

永定河畔，源远流长的人情风俗在岁月的长河中被人们传承着、演绎着，这是独属于永定河的文明基因，也正是这历经万年积淀的沃土，孕育出一座无与伦比的东方之城——北京。

《永定河》第八集
《高天厚土》

本集导演：朱晓梅 颜美珠

当孩子在城市以外的稻田里感知水与土的自然理念，当运河故道边的民居环绕着不绝的潺潺水声，当故宫三大殿坐拥来自世界游客的仰望，当北京新机场通达四方的航线繁忙地运行起来……一条河流，一条我们称之为母亲河的河流应该被永远地铭记于心。

河与城·大国首都

永定河对于北京城而言，到底是什么样的存在呢？

河流是人类文明诞生的最适宜场地，尼罗河三角洲养育了古埃及文明，古印度文明诞生于恒河三角洲，幼发拉底河和底格里斯河孕育了美索不达米亚文明，这些曾经无比璀璨的文明向人们展示了河流拥有的无限可能。

自西向东绵延起伏的燕山山脉，横亘在北京小平原的北部，与南来的太行山山脉，在南口的关沟附近相交会，形成了一个弧形的湾。其状若围屏，只在东南一面开向平原。这样就在地貌上形成了一个半封闭的“海湾”，人们称它为“北京湾”。

学者莱斯特·R·布朗在《粮食危机毁灭全球文明？》一文中曾提到过：“大约世界三分之一的耕地，表土侵蚀速度快于新土形成速度。这层植物必需的、薄薄的营养物质，是文明的基础，需要经过漫长的地质年代才能形成，但通常只有15厘米厚。”

历史证明，被战争毁灭的城市，只要支撑文明的土地资源存在，那这座城市仍能复兴并再度发展。3000年来，北京城不乏兴衰起伏，然而，毫无争议的是永定河供给了北京城这个承载着伟大文明的世界之城最根本的自然资源——水与土。

水土之上，千年之间，人与城，共生共荣。

《永定河》纪录片第八集《高天厚土》海报

河与人·山河为养

玉泉山下的水稻如今似乎已成为城市的一道风景，然而在清代，这里是北京本土稻米的出产地。但这对于一个庞大的都城来说，只是杯水车薪。一场关于粮食的漫长的攻坚战，成为金、元、明、清四代帝王为之孜孜奋斗的大事。

《管子·乘马》说："凡立国都，非于大山之下，必于广川之上。高毋近旱，而水用足，下毋近水，而沟防省。因天时，就地利。"永定河在全新时期的变迁大体是由北向南迁徙。镶嵌在北京洪积、冲积平原内的古河道有古清河故道、高梁河故道、漯水故道 3 条。据碳 -14 数据测定、历史文献记载和沉积参照分析，古清河故道和高梁河故道及漯水故道曾是永定河的行水主道。

值得一提的是，受构造运动的强烈影响，也由于永定河本身所特有的水文特征，永定河在三家店附近出山后迁徙无定，沉积下了相当厚的沉积物，也储存下了丰富的地下水源，而西山诸泉也正是永定河河水长久渗透而形成的。永定河以一己之力，解决了一个城市生存的根本，永定河的母亲河之名当之无愧。

800 年前，永定河高梁河故道连接运河，使得运粮的漕船在玉河上穿行，把漕粮送进北京城中。随之而来的有北京人爱吃的烤鸭、北京人爱喝的茉莉花茶……永定河作为北京的母亲河不仅给予了北京水土，更通达四方，融汇一国精华，给予了北京独特的气质。

玉河是元代大运河进什刹海漕运码头的最后一段水路，也是永定河高梁河的故道。

如今的玉河以更加亲切、美丽的样貌回归于人们的视野 / 北京电视台供图

“十里藕花香不断，晚风吹过步粮桥”，清代诗人李静山曾为玉河水巷夜景赋诗。明、清时期的玉河起于什刹海前海的澄清闸，明代《水部备考》记载：“澄清闸在鼓楼南，海子东岸，万宁桥西，至元二十九年建，名海子闸。”澄清闸是积水潭下游的出口控制闸，分上、中、下闸。在《日下旧闻考》中有杨载诗：“金沟河上始通流，海子桥边系客舟。却到江南春水涨，拍天波浪泛轻鸥。”当时玉河到什刹海一带也是送客之处兼游览胜地。

2016年，这段千年前的古运河河道重现于世人面前。老北京人记忆中的玉河以更加亲切、美丽的样貌回归于人们的视野。人们看到的是家门口的小桥流水，却不知永定河那些游走在城市中心的河道像城市的血脉一样，吐故纳新，维护、改善着北京城的生态环境。

北京人自古以来与水伴生的日子，是京味文化中一抹亮色。北京，这座以山水格局而成就的都城，至今未改。从土地的根基，到饮用的水源。从运河的勾连通济，到粮食的源源不断。北京城正是仰仗着永定河成就的北京小平原及其丰沛的地表水和地下水，才得以成长、发育。

河与灵魂·山水城市

每年夏天，香山的泉水总会汩汩流出。在18世纪，这些涓涓细流曾经被一位清朝的皇帝，引入一个湖泊，成为今天北京皇家园林的大观之所——颐和园。

在颐和园的东堤上，矗立着乾隆皇帝题词的昆仑石，上书：“西堤此日是东堤，名象何曾定可稽”。这诗说起来也是一件趣事。

乾隆十四年(1749年)冬，乾隆皇帝以兴修水利为名，曾对古昆明湖进行了一次“大手术”。他想把西湖水面向东扩展，下令铲平西湖北岸，而这道西堤正是元代郭守敬引白浮泉汇西山诸泉的重要水利设施，乾隆皇帝一声令下，曾经的西堤成了昆明湖的东堤。

历代帝王偏爱北京城的山水格局，集国之物力、人力对北京城不断地完善、扩建。但却从未偏离过永定河为北京城铺就的这方水土。

作为文明源流，永定河当之无愧，帝王们仰仗它却又惧怕它的力量。在空中俯视故宫，代表土的黄色向人们宣示着皇权的至高无上，金碧辉煌的三大殿，基座呈“土”字形，这向人们无声地诉说统治者对于这片水土的郑重和敬畏。

贯穿在这个“土”字形基座之上的不仅仅是三大殿，更有北京城格局里统领全城的中轴线。800年前，在元大都总设计师刘秉忠的城市规划中，水是极为关键的一环，

流经故宫太和门前的内金水河，源于京西玉泉山 / 壹图网供图

刘秉忠围绕着永定河留下的这片水域大做文章，他沿着水域东侧，也就是今天的什刹海后门桥为基准，以当时水域的宽度作为大都城一半的宽度，设定了延续至今的这条伟大的中轴线。

建筑大师梁思成先生曾说：北京的独有的壮美秩序就由这条中轴线的建立而产生。这条中轴线上的所有建筑，在当代来说，已经无法用“价值”来评估衡量。

河与未来 · 一河永定

北京城的历史不断地被续写，中轴线的传奇依然在继续，由故宫向南 40 千米外的中轴线上，新机场即将建成。永定河故道的岸边，首都的新机场将成为北京，甚至整个京津冀地区的空中交通枢纽。

在数万年之前，永定河全流域覆盖了北京市、天津市、河北省、山西省所在的地域，几万年后的今天，京津冀新格局已是大势所趋，而新机场本身就是京津冀新格局的中心，更是未来的澎湃新动力。

2017 年 12 月 30 日，对于门头沟石厂村来说非常具有纪念意义，因为地铁 S1 线石厂站正式开始运营，这是继阜石路、莲石路、六环路之后门头沟进城的又一次出行提升，代表着中国城市铁路最高水平的磁悬浮列车行走在永定河出山的这条路上。

北京首条磁悬浮列车 S1 线穿过永定河 /cnsphoto 供图（远舟 摄）

S1 线横贯的首钢厂区，古老的石景山见证过永定河的起起落落，见证过新中国钢铁事业的沸腾，更见证着这个国际化大都市的发展变迁。

2022 年北京冬奥会的场馆已经成型，永定河所连接着的北京与张家口将共同迎接冬奥会的到来。

水路是最为古老的交通手段，永定河作为通道服务京津冀数千年，在它的故道上，公路、桥梁不断地完善。今天的京津冀协同发展仿佛在验证万年前永定河的选择，与它水乳交融的这片土地将携手书写一段大河文明的新故事。

永定河诞生于天地之间，它奔涌于群山沟壑，它急切地奔行，它和缓地孕育，永定河魂融入曾留下足迹的每一处地方。绿色的山水城市凝聚起一水相连的京津冀的广大板块，这段人河传奇也将以无限的可能走向下一段故事。

哺育北京城的摇篮 『北京湾』，

文／朱祖希

北京，位于我国华北大平原的北端，地处东北平原、内蒙古高原、华北平原3个不同自然地理单元的交会部。由西南而来的太行山山脉，层峦叠嶂，绵亘数百千米；燕山山脉屏障其北，峻岭崇山，巍峨壮丽；其东南一面便是坦荡辽阔的华北大平原。其地南接中原，直趋江淮，东濒渤海，汪洋无涯；海河水系的北运河、永定河、大清河、子牙河、南运河等，形成了一个巨大的扇形水系，汇流天津而东注渤海。

正是在这水甘土厚的"北京湾"里哺育出了北京城。

"北京湾"的前世今生

距今7000万年的中生代时期，是一个在我国大陆和亚洲东部地壳发生重大变化的时期，其主要表现为强烈的褶皱断裂运动和差异性升降运动，以及与此相伴生的延续时间较长、次数多、范围较广，又表现得十分强烈的火山运动和岩浆的上升和入侵作用。而与此相关的则是断裂上升山地的强烈冲刷破坏和断陷盆地的巨厚沉积作用。由于这些特点在现今的燕山山脉地区表现得尤为明显，所以在地质史上就把这一时期的运动统称为"燕山运动"。

北京地区的构造轮廓，基本上就是在中生代末燕山运动以来形成的。此后，一方面是断裂升降，其表现为东北、北部山区和西山的大幅度上升，并伴随着大规模岩浆的侵入活动。另一方面，原先趋于下降的平原地区，则继续大幅度下降，接受了巨厚的沉积，从而奠定了北京地区山脉、盆地、平原的分布和地势自西北而东南，呈阶梯状下降的格局。

源自山西、内蒙古，流经河北、北京、天津的永定河，切穿了北京西北山地的重峦叠嶂，在今三家店附近出山并荡涤于平原之上。永定河与源自燕山山地的潮白河、温榆河等共同铸就了一个面积颇为广阔的洪积冲积扇。这便是人们在日后所见的“北京小平原”。

自西向东绵延起伏的燕山山脉，横亘在北京小平原的北部。它与南来的太行山山脉，在南口的关沟附近相交会，形成了一个弧形的湾。其状若围屏，在地貌上形成了一个“左环沧海，右拥太行”三面环山的仅向东南一面开敞的“山湾”，地理学家把它称作“北京湾”。

“北京湾”是华北大平原的一部分，而华北大平原的发育，又是由滦河、海河、黄河及淮河诸水合力冲积而成，但以黄河的营力最大、贡献最多。所以，华北大平原又称“黄淮海平原”或“黄河大三角洲”，是我国最大的平原，面积达37万平方千米。其北、西、南三面则由燕山、太行山、伏牛山和淮河所围绕，其顶端大致在河南孟津附近。黄河在历史时期亦一直摆动在这一区域之内。但由于华北平原北部凹陷，黄河下游历史时期的主要流向是在“黄河大三角洲”的北侧（包括豫北、冀南、冀中、鲁西北）从渤海西岸入海。换言之，当时的黄河是沿着太行山东麓的平原即今冀中平原的西部，于天津一带入海的。

“北京湾”与北京城

人类历史发展的事实证明，最初的文明总是首先在河套地区开始发展的。尼罗河流域、两河流域（即底格里斯河和幼发拉底河所形成的美索不达米亚平原）、印度河流域是这样，中国的黄河流域、长江流域也是这样。这是因为，这些由河流冲积而成的平原地区，不仅地势平坦，而且土壤肥沃、雨量也适中，从而会首先发展耕作业，并进而出现城市。广阔的平原又正是其发展所需要的空间。

华北平原在《禹贡》里所划分的九州中属兖州之地。由于承受了黄河从黄土高原携带来的大量物质，使这里的土壤具有结构疏松、颗粒均匀、透水性强的特点，而且保留有大量的腐殖质、矿物质，“厥土黑愤，厥草惟繇，厥木为条”，不仅土壤肥沃，而且草木繁盛、高大，整个植被具有从暖温带湿润森林带向半湿润森林草原和温带半干旱草原地带过渡的景观特征。

然而也由于华北平原系冲积平原，地势低平，排水不畅，尤其是在黄河三角洲的北侧，由于受到海河流域所形成的冲积扇的阻隔，其间形成了大面积的湖泊洼淀。太行山前缘高邑、邢台附近的宁晋泊、大陆泽，保定以东的白洋淀、文安洼等即是古黄河和海河的自然堤阻挡了太行山麓的地表水和地下水发育而成的。这些湖泊洼淀的存在自然也就严重地影响了当时南北的交往，从而不得不依靠地势较高的燕山南麓和太行山东麓。

永定河流域青山绿水、风景如画 / 北京电视台供图

河北省平原区新石器文化遗址，大多分布在与太行山东麓和燕山南麓毗连的西部地区亦正反映了这种情况。正因为如此，沿太行山东麓的南北交通线在古代华北交通史上具有极其重要的地位，它对北京城的起源和成长亦有着直接的、重大的影响。

正是这个水甘土厚、水源丰沛的“北京湾”成了北京城孕育、萌生、发展的“摇篮”。以后的事实也证明，北京城在它的发展过程中虽也有所迁徙，但都没有离开过永定河所形成的洪积、冲积平原。

具体而言，北京城位于永定河与白河两河之间。两河交汇之后最终注入渤海湾。正如以孕育并产生“两河文明”而闻名于世的两河——底格里斯河与幼发拉底河，它们并列相向而行，最终汇成一条河流注入波斯湾一样。

北京城不仅是“北京湾”的核心，还是华北大平原与北方山地和内蒙古高原之间南北陆路交通的天然交点，也可以说是连通中原与塞外、游牧草原与农耕平原最短，也是最好的天然据点。

古村落，永定河流域之魂

文／靳宝

人类的生存空间形态，最初就是从聚落开始的。沿着聚落发展而来的村落，是城市产生之前较长时间里的一种居住文化形态。即使城市出现后，这种本原文化空间形态依然传承着文化记忆和乡土记忆。

中国古村落是中国数千年传统农耕文明与乡土文化的重要载体，承载着人们的乡愁记忆，有着深厚的传统内涵，并保持着活态的文化传承，是中华文化重要的根基之一，被视为一类特殊的历史遗产。

古村落的形成、发展及其传承

永定河流域孕育与滋养出来的古村落，数量多、分布广、传承久。从形成时期来看，最早可追溯到商周时期。进入战国秦汉时期，永定河流域村落曾出现一次发展高潮。明清时期，该流域再一次掀起村落建设的浪潮。就类型而言，永定河流域的古村落可分为聚集型村落、散列型村落、混合型村落。

永定河流域的古村落，有的由于地处偏僻，没有受到太多城镇化建设的冲击，保留了较多历史风貌，有着传统的街道肌理、建筑格局和完整的民居院落；有的则因经济、社会相对稳定发展，历史传承性较好，保留了很多传统的民风民俗、民间文艺、手工艺等；有的则遭到严重破坏，甚至消失。

随着国家和社会对传统村落保护的重视，永定河流域古村落现状也有了很大的转变，诸多有保护价值的村落被发现，越来越多的村落被列入保护名录之中。目前，共有5批《中国传统村落名录》公布。永定河流

传统村落的典型代表——爨底下村 / 北京电视台供图（何丽 摄）

域古村落进入这5批传统村落名录的共有112个，其中北京地区有15个，河北地区有52个，山西地区有45个。如北京门头沟区的爨底下村与灵水村、房山区的水峪村，河北怀来县的鸡鸣驿村、阳原县的开阳村，山西天镇县的新平堡村、灵丘县的觉山村、宁武县的小石门村、大同新荣区的得胜堡村等，它们都是永定河流域一颗颗璀璨的明珠。

各具特色的传统村落

爨底下村，是永定河流域古村落，也是传统村落的典型代表。它位于北京市门头沟区西部，属斋堂镇辖村，其北有险隘峡谷，名爨里安口，村居其下，故名爨底下。该村四面环山，居处峡谷北侧缓坡上，房舍院落依坡而建，层层升高，错落有致，整体上呈扇面状。相传，明朝永乐年间，该村先祖就由山西迁移到此，建立了自己的家园，并延续至今。在几百年的发展过程中，爨底下村曾是京西古驿道上繁华的商品交易客栈。历经战火洗礼，这个古村依然保留了较为原始的村落形态和自然风貌。

爨底下村的特色之一就是现存的院落建筑。房屋以清代四合院为主，主次分明，青砖灰瓦，古色古香，陈旧中传递着一种历史美感。虽然受地形与空间的制约，这里的四合院不如平原地区的那样规整，但村民将理想中规整的大四合院因地制宜地建成几个相对独立的小四合院，小四合院分别有门和巷道相互连通，外建墙垣，这又形成一个封闭的大四合院群。大门的造型、装饰、色彩，甚至门钉的个数，都有严格的规定和独到的讲究。砖雕、木雕、石雕随处可见，非常精美。壁画、楹联古朴典雅。位居全村最高处、坐落在中轴线上的广亮院，在村上部东端的石甬居院，紧临村中古道的双店院，等等，都是该村明清古民居建筑的突出代表。可以说，爨底下村的明清古民居建筑，规划严谨、整体精良、因地制宜、巧用空间、装饰华美，是迄今难得一见的珍贵的古村落遗存。

北京房山是一座天然的地质公园，特别是奇石遍野。勤劳聪慧的先民们，就地取材，以石为原料，建成了一座座石屋，石瓦片、石头墙、石路、石门，都有自己的故事。最具代表性的古村落，就是水峪村了。水峪村位于北京市房山区南窖乡，村中自然生态保护很好，尤其是村东缓坡上保存比较完整的明清院落，目前尚有100余套600间。水峪村建于明朝永乐年间，其先祖同样是山西移民。一条“S”形的青石砌成的石道，贯穿村的中央，圆形的村落，依山而建，建筑风格独特。该村的民居建筑为典型的北方山地村落建筑，有四合、三合和独栋院落。其中东街东南角的杨家大院，形制最为完整，规模也最大。该院落建于清朝乾隆年间，大院四重门，四组合院共37间房，一门一院，户户对应，井然有序。雕花门窗，优雅高贵。当时的杨家因做煤炭生意而富甲一方。

除少量青砖用于重点部位装饰外，水峪

爨底下村墙壁上巨大的“爨”字 / 壹图网供图

村民居建筑几乎全为石材所建造。种种石材上还雕刻有精美的图案，不仅房屋建筑用石材，生活设施也大量采用石材制作，古石碾在村中处处可见。水峪村有“四古”之美誉，即“古宅一片”、“古道一带”、“古碾一群”和“古幡一绝”。其中石碾、石磨是该村的镇村之宝，在历代岁月中忠实地守候着这一方故土。“古幡一绝”最具特色，这个中幡大会相传为元代战场上鼓舞士气所用，后发展为宫廷的一种仪仗，随着历史推移，又演变为村民向天祈福的一种民间表演形式。水峪村的历史文化丰厚，最先以农耕文化为主，后兼容了煤炭文化、京西古道文化、石碾文化，形成了一个多元文化的传统村落。

作为世界文化遗产的万里长城，是人类的一大奇迹，矗立在世界的东方。而在长城脚下，还留存着一份珍贵的军事文化遗产，那就是古城堡，有的成为中国传统村落的佼佼者，永定河流域的得胜堡村就是其中之一。

得胜堡村位于山西大同市新荣区境内，始建于明朝嘉靖十八年（1539 年），是明代大同以北重要的边关重镇。随着军事因素的减弱，这里慢慢演变为一个边塞村落。现存堡门上所刻“保障”“得胜”“护国”“保民”，再现了古代长城塞外军事城堡的雄伟和威严。昔日的刀光剑影，幻化成今天的断壁残垣。得胜堡村近些年逐渐进入人们的视野，特别是刚刚入选中国第五批传统村落名录，一是缘于它的威名，诸多大型活动在此举办，为的是讨个“得胜”的口彩；二是因为它保留有相对完整的明代城堡遗存。得胜堡村的堡门以及门洞内几百年的车辙依然清晰可见，门额周围的砖雕精美典雅。四面堡墙虽有破坏，但依然傲立在风雨之中。进了门洞，就是一条笔直的大街，街道两旁是一排排整齐的民居。堡里面有明代玉皇阁的基座，还有不少清代民居。可以说，得胜堡村是中国长城文化中重要的组成部分，也是当今长城文化带文化遗产的重要内容。

灵水村形成于辽金时期，古代曾出现过 22 名举人，被当地人称为“举人村” / 全景视觉供图

永定河流域的一份乡愁

永定河流域的这些传统村落，保存基本完好，且很有特色。历史悠久，多数为明清时代所建，少数为元代及其以前遗存。文化底蕴深厚，多数以古堡门楼、古寺庙、古楼和古民居建筑群而闻名。民居古朴典雅，建筑优美。殿堂庙宇、古戏楼、古堡墙矗立在现代文明的风雨中。

这些古村落作为区域历史发展的印记，大都保留了丰富的历史文化信息，具有深厚的历史文化价值和不可忽视的历史文化意义。相比于历史发展中相对后起的城市文化，村落文化更能体现人类的初始特征，也更接近整个人类文化的本源。

永定河流域很多古城堡、古村落的形成与发展，与北京从一个地方军事重镇发展

为首都的历程密切关联，与北京首都的地位和城市生活的特殊性息息相关。因而它们所展示的文化形态，既富有乡村特色而又与古都的文化内容相互关照、彼此映衬，是北京古都文化的另一种呈现。在永定河流域包括河北、山西等地，像这样极具历史文化的可见性、对比性和延续性的古村落还有很多，它们作为日益消逝的传统文化习俗和乡村生活形态的“活化石”，是一种珍贵而丰厚的历史文化资源。

正如冯骥才先生所言，传统村落是中华民族绝不能丢失、失不再来的根性的遗产，是蕴藏着我们民族基因与凝聚力的最后家园，是五千年文明活态的人文硕果，是中华民族最大的文化遗产。这就是说，传统村落文化是一种根性文化，它是中华民族最重要的精神文化财富之一，是民族历史与精神的情感之根，是中华民族历史上最早的家园。

甘泉沐浴下的古城

文／靳宝

城市的出现是人类社会发展到一定阶段的产物，更是人类文明进步的重要标志。城市形成所具备的元素中，水最为基础，也最为重要。永定河，作为北方重要的河流之一，流经今山西、河北、北京、天津等多个省市县，是海河水系的最大支流。缘于它所处的特殊的地理环境，众多的古都、古城在这条母亲河的孕育下诞生，并在历史舞台上上演了一幕幕惊心动魄、宏伟壮丽的传奇故事。

古都文明的历史见证

永定河流域的古都，早者有黄帝之都涿鹿，晚者有金元明清之都北京城，中间还有代国之都代王城，北魏之都平城。北京又是中华人民共和国的首都。可以说，永定河流域的古都文化贯通了中华五千年文明史，实为他地所罕见。

中华人文始祖黄帝，在战胜炎帝，擒杀蚩尤，统一华夏后，“邑于涿鹿之阿”。《后汉书·郡国志》“涿鹿县”条下注引《帝王世纪》说：“黄帝所都，有蚩尤城、阪泉地、黄帝祠。”唐代一部大型历史地理文献《括地志》更言：“涿鹿山在妫州东南五十里，山侧有涿鹿城，即黄帝、尧、舜所都也。”明代时还有土城遗址，时称轩辕城。这是见于文献记载的中国历史上最早的都城，也是华夏文明的一大历史见证，更是永定河流域古文明的重要象征。

代国，本为北狄姜姓之国，或早在商汤时所封，西周末已很强大。战国初，赵简子之子赵襄子杀代王，平代地，封其侄子赵周于代国，为代成君。当时，代国的都城便是今河北蔚县代王城镇的代王城。明代蔚州（今河北蔚县）人尹耕经过实地考察所写的《两镇三关志》说“代王城周长二十五里，开九门”。规模不小，当时古城遗址还存在。赵武灵王时，代王城成为代郡的治所。西汉时，汉高祖刘邦封其兄长刘喜为代王，后又封其儿子刘如意为代王，均都代王城。大成元年（579年），北周置蔚州。大象二年（580年），北周弃代王城，始建蔚州城（今蔚县老城）。自从北周置了蔚州城，代王城人去城空。然而，历史的发展是延续的。物质与精神的传承是互补的。千年古代国的文化与血脉没有中断，如今在古代王城及其周围形成的众多村落，同样见证了代王城的前世今生。坐落在代王城宫城遗址上的大堡子村，“古代”两个楷体字历历清晰地镌刻在堡门上，那是明代村民对古代国的敬仰和文化传承。“古代”不古。如今，代王城遗址，为全国重点文物保护单位。

北魏之都平城，是北方少数民族政权下的重要都城。登国元年（386年），鲜卑拓跋部首领拓跋珪即代王位，建元登国，后改称魏王，史称北魏。起初以盛乐城（今内蒙古和林格尔县北）为都，皇始三年（398年）七月，迁都平城（今山西大同市东北古城），直到太和十七年（493年），孝文帝元宏迁都洛阳，平城为北魏之都近百年。作为北方统一的少数民族政权之都，平城内外的宫殿、台榭、苑囿、庙宇、桥梁等，都非常壮观华丽。留传至今的世界文化遗产、中国首批全国重点文物保护单位的云冈石窟，就是北魏定都平城时所开凿的。北魏郦道元在其《水经注》中明确言“真容巨壮，世法所稀”。当前，大同市政府着力恢复古城风貌，尤其是平城古都的城墙修复，让世人再一次领略到了昔日平城的宏阔和雄伟，感受到北魏鲜卑拓跋部这支少数民族对华夏文明进步与发展所做出的历史贡献。辽金时期，分别设立五京和六京，辽之西京和金之西京均为大同府，北魏故都平城至辽金时又成为北方少数民族政权的重要陪都。

元明清全国之都北京，历史悠久，文化丰厚，为永定河流域古代都城文化的发展顶峰。早在西周时，周天子就分封召公为燕王，都城即今北京房山琉璃河古城；所封黄帝之后为蓟王，都蓟城。后蓟微燕盛，燕北上吞并了蓟国，并以蓟城为都。春秋战国时期，蓟城更成为重要诸侯国燕国的都城。秦汉以至隋唐，皆为州郡治所，是中原王朝经略东北的军事重镇。辽朝时，升幽州为南京，是重要陪都之一。金朝海陵王完颜亮迁都于燕京，正式以此为都城，史称金中都，使北京成为北方统一政权的政治中心。元朝建立不久，元世祖就在金中都城东北郊建立了一座更为宏伟的新都城，即元大都。元大都的建成，标志着北京首次成为全国政治中心、文化中心。意大利人马可·波罗在其游记中对元大都的辉煌与繁华有着详尽的描述和赞叹。明清两代，北京仍为国都。明北京城，在元大都的基础上改建而成，当然比元大都又有许多新的发展。清朝入关定鼎北京之后，完全继承和沿用了明北京城。

民国前期，北洋政府仍以北京为都。1949年初北平和平解放，同年9月，北京

北京广安门蓟城纪念柱 / 北京电视台供图

山西大同古城墙 / 全景视觉供图

成为中华人民共和国的首都。可以说，作为千年古都的北京，在母亲河永定河的孕育和滋养下，不断茁壮成长，绽放了悠久的历史光辉，在新时代下继续呈现更为辉煌的风采。

正如尹钧科先生所总结的，在永定河流域，既有中华民族之祖黄帝之都，又有当今正在和平发展的新中国之都；既有分裂割据政权之都，又有全国一统江山的王朝之都；既有汉民族建立的王朝之都，又有北方游牧民族建立的王朝之都；既有中央政权之都，又有诸侯王国之都；既有首都，又有陪都。永定河流域的古都，数量众多，类型齐全，构成一个区域性的古都群。这一古都群，上涉黄帝，下及当代，贯通了中华五千年文明发展史。这是永定河流域古都文化最突出的特点和价值所在。

除了都城外，永定河流域还孕育产生了一批郡州府县治所的古城。在永定河流域的古城发展史上，两汉时期是一个重要节点。根据《汉书·地理志》记载，当时雁门郡领14县，其中有11县城修建在永定河流域；代郡领18县，其中有16县城修建在永定河流域；上谷郡领15县，其中有13县城修建在永定河流域；广阳国领4县，全在永定河流域。另外，渔阳郡之潞县、雍奴县、泉州县，涿郡之阳乡、临乡、益昌，渤海郡之安次等，也都分布在永定河流域。这样算起来，仅西汉一代，永定河流域就有50多个郡县城。它们主要分布在今山西浑源县、阳高县、广灵县，河北张家口市宣化区、怀来县、蔚县、固安县，北京延庆区，天津武清区等地。有的早已荡然无存，有的至今还有残留。汉唐之后，尤其是明清时期，在永定河流域修建了更多古城，如代县古城、永兴古城、怀安旧县城、沙城、万全右卫城等。这些古城，有的为州县治所，有的为军卫驻地，有的甚至是纯粹屯兵的营地。

流淌的城市记忆与文化传承

永定河流域所孕育与滋养的古都、古城，一方面是永定河流域城市文化的历史见证，同时也是中华文明形成与发展的历史记忆。前面所言的古都群落，相继出现在永定河流域，表明永定河流域的开发与中华五千年文明同步，永定河流域在中华多民族融合进程中起着非常重要的纽带作用，是中华多民族统一国家形成与发展的历史见证。同时，这也直观地反映了中国城市的变迁，特别是都城的变迁，以及首都北京的成长历程。

另一方面，它们又成为新时代珍贵的历史文化遗产。代王城遗址，大同平城古城遗址，还有至今仍有断壁残垣的其他古城遗迹，不仅为我们研究中国古代城市布局和城市文化提供了宝贵的实物资料，还为我们了解中国古代城与水的文化渊源提供了鲜活的实践例证。诸如世界文化遗产的北京故宫、圆明园、山西大同云冈石窟等，向世界展示了中华文明的悠久、宏伟、辉煌与创新，是中国智慧和中国经验的生动写照。还有众多有待我们发掘与保护的古城遗迹，它们的出现，必将更加丰富永定河流域所拥有的古都、古城文化。可以说，这两个方面是永定河流域文化中最为突出的价值和亮点所在。

百般山水，百里画廊

文/许君达

北京是个有山的城市。燕山与太行山两大山脉在北京交会，对撞出伟岸的山、深邃的谷，这种气势绝非平原上的玲珑小丘可比。

北京西部的门头沟区就是一个几乎全境都被山地覆盖的地方。有山、有水，自然会孕育出美好的风景，横贯门头沟东西的 109 国道既是门头沟山区的生命线，也是一条串联着众多美景的景观大道。从永定河边的门城到太行山深处的斋堂、清水，路程近百千米，沿途山河秀丽，幽谷奇绝，行走其间，琳琅百态，仿佛置身一座天然画廊之中。

东段——山水灵秀三家店

门头沟在北京绝对算个异类：它与山水的联系太紧密了，紧密到市内的公交车稍稍开出城，就会一不小心闯进大山大水间的大风景里。幼年时我曾有过一段经常在门头沟和北京城之间往返的生活经历。那时，每次“回沟里”都盼望着能乘坐更慢更绕远的 336 路车，而非从地铁站取道近路直达，只因沿 109 国道行驶的 336 路车在穿过京西古村三家店之后，将会邂逅令我着迷的美景。

时至今日，我都一直认为三家店附近是离北京市区最近的山水胜境。

站在三家店段的 109 国道旁眺望，你会惊讶于眼前这幅全景山水图卷竟涵盖了如此齐全的风景元素：西北方向造型俊朗的峰峦由远及近，从高到低，从朦胧到清晰，层次感分明；香峪梁与九龙山一左一右，像两扇开启着的大门，衔着永定河波光粼粼的平静水面。

天然的地脉决定着人类活动的点滴，人类创造的工程反过来也成了自然风景之外的绝佳点缀。三家店是永定河的一个良好渡口，古往今来，各种不同形式的交通路线在此汇集。在远山背景的映衬下，丰沙铁路一号桥强硬地横贯在视野正中，火车频繁通过，载着远行的人们奔赴异乡。在丰沙铁路北侧，斜军（斜河涧—军庄）联络线用了一座更高的曲线大桥飞跨两山之间，似长虹卧波，与敦实笔直的丰沙一号桥比起来，它的造型更修长妩媚，美妙的大曲线更是动感十足，看起来像是在丰沙铁路上方画出了一道神来之笔。在这里，工程美学有机而恰当地融合在自然风景中，成就了一场令人赏心悦目的美景盛宴。

从三家店进山后，沿途山灵水秀、村舍错落，风景虽不敢说奇绝，但也足以令人心旷神怡。这里从古至今都是久居京城的人们休闲游赏的理想之地，清代宗室诗人宝廷就是酷爱西山门头沟的“资深驴友”，著有诗云“一水绕山难觅渡，乱花夹岸各一村”。一派山临水、水环山，村落点缀、鸡犬相闻的田园风光便宛在眼前，让诗人直有“得意如飞仙”之感叹。

酒香不一定都要在深巷，三家店是109国道百里画廊的起点，却像河流从山峡之中豁然开朗的那一瞬般，让一路收集来的美丽与灵气恣意挥洒，高调地把游人直接带入高潮。这样的安排，或许只是为了让游人免于审美疲劳，因为，后面还会有更多的精彩。

中段——幽谷奇峡斋堂川

沿109国道西行，在青白口与永定河分道扬镳后，一头钻进一条幽深的山谷。两边山势陡峭、山形奇特，岩石高峻而凸出，形状规整不杂乱。越往前走，山谷越开阔，向两边扩散开的高山也越呈现出奇特的造型。

这是门头沟最长最宽的一条沟谷——斋堂川。川内地势开阔、水流和缓，是斋堂和清水两个中心城镇的所在地。然而，在多山的门头沟，斋堂川只是众多自然地貌中的一个异类，川中清水河流域范围内的众多深山险峡才是主流，令人惊叹的风景就隐藏其间。

斋堂川北侧有一道山梁，横看如屏障，顶部呈现出整齐的锯齿形状，如果移动到它的侧面，就会发现这道山脊既直且狭，像一道刺向远方的利刃。在民间，这座山被称为“狗牙山”，这个通俗而形象的名字让人经常记不起它的本名“碣石岭”。狗牙山是地质史上造山运动的产物，原本的平地在地质作用中被挤压，因而褶皱、隆起，一些岩层比较脆弱的地方在隆起的同时也伴随着大量的破裂、塌陷运动，就像一块被用力掰开的饼干，破碎的裂口处就形成了狗牙山那样整齐的山体。

相较于北侧的破碎山地，斋堂川南侧的山体更加完整。从卫星图上看，清水尖、髽鬏山、老龙窝、百花山、白草畔这一系列的山峰接连成岭，如果算上被永定河切开，但同属一脉的妙峰山诸峰，会发现这一道明显

北京市门头沟109国道旁的树木披上“黄金甲”，与周围景致融合成一幅美丽的画卷 /cnsphoto 供图（李文明 摄）

的山脉自东北向西南斜着把门头沟分成了两半。这道山脊的海拔并不是太高，适合攀登，且各个峰顶视野良好，近可俯瞰脚下的斋堂川、清水涧、永定河，天气良好的时候甚至隐约可见远处的门头沟和北京城，因此近年来已经被“驴友”们开发成了一个户外活动的理想去处。

到了斋堂镇，街边店面里的农家饭菜是对一路跋涉的最好慰藉，虽然里程已经过半，但山水画卷其实才刚刚展开。

从斋堂镇北行到永定河边有明代古堡沿河城值得参观。沿河城是一个位于永定河拐弯处的明代屯兵要塞，建于明万历六年（1578年），依山就势、凭险河边，现在依旧存有旧时的城墙和拱门。除了城堡，还有一系列敌台和断续的边墙守卫在沿河城周边，构成一套完备的军事防御体系，弥补了长城在这一段的缺失。

为什么明朝会如此重视这里的防御？观察一下此地的地形地貌就会明白。门头沟一带的山体属于太行山山脉尾闾，不像南太行那样高峻而完整，其构造运动反而与邻近的燕山山脉更加相似，山体更破碎、断层更密集。从沿河城向东偏北方向延伸，有一条大断裂带，直达昌平境内，与之同时出现的，就是其垂直方向上众多发育更不完全——也就是更短小、更深狭的小断裂带。这种构造的直接产物，就是在沿河城西北方向的数条近似平行的大裂谷，裂谷呈西北—东南走向，形成了沟通边塞内外的天然孔道，若不加防范，来犯之敌便可沿着孔道长驱直入。

古人，尤其是守边的戍人们，想必不会有心思欣赏这荒远边地的风景，一方面是因为这些裂谷深沟中暗藏着杀机；另一方面，这里与北京城遥远的距离和险阻的路途也足以让文人骚客们望而却步。时至今日，技术条件已让我们能够更从容地深入昔日秘境寻古探奇。地理造化之美，与你只剩下一脚油门的距离。

沿河城附近的断裂峡谷中最惊艳的，当数龙门沟。从龙门口村拐上进沟的土石小路，山势骤然收紧，左右两边陡直壁立的山崖高高在上，不把脖颈仰到极限根本无法看到两边崖顶夹峙中的一线天空——是的，这处风景就叫“一线天”。峡谷里的路面很是平坦，可以纵情驰骋，可是提起速度来却并不安心，因为我们好像闯进了未知的场域，环视四方，只有壁立的高山，找不到冲破这蛮荒峡谷的出路。难道这短短的路就要到尽头了？

继续前行，一句古诗忽然蹿上心头：“山重水复疑无路，柳暗花明又一村。”就在车子似乎要撞上眼前山崖的前一刻，简易公路猛然一个转弯，把我们带进了一片豁然开朗的境地，两边的山崖依旧壁立，谷底却开阔起来，牧羊人赶着羊群回到依山而搭的简易圈栏，羊却留恋着谷底地面上薄薄的一层嫩绿，执拗地不肯无条件服从。这是一个被遗忘的桃源。由于山内交通不便、水源不足，

金秋时节，百花山自然保护区层林尽染，迎来一年中最美的季节 / 全景视觉供图

近些年来，山中零星分布的小村庄相继搬迁出来，方圆近百里的山区内已无常住居民。

除了龙门沟，散布在 109 国道周边的龙门涧、双龙峡、南石洋等风景奇丽的峡谷都已经被开发为风景区，少了一些野趣，但也多了一道安全保障。

西段——空中花园在山巅

龙门沟最深处有一个名为榆树湾的旧村，沿村后坡道上山，行不多远就会到达一片豁然世界：一道宽阔的山脊从脚下延伸向看不见的远方，山脊上芳草萋萋，春夏两季野花烂漫，山风吹拂，花草像浪一样起伏。京西古道南北迤逦着从身旁通过，顺着它向南眺望，一排被边墙串联起来的敌楼蜿蜒在地势稍高处：这里地势太过平坦开阔，山下的沿河城要塞不得不在此建立一道补充防线以防侧面受敌。

向南过了这段被称作“七座楼”的边墙防线，眼前的地面更加肆无忌惮地宽广起来，置身其中，好像身处天苍苍野茫茫的草原，只有头顶仿佛触手可及的云朵还在提醒着你，这是山顶。这里是门头沟第三高峰黄草梁。“长亭外，古道边，芳草碧连天。”

站在空阔平旷的山顶“十里坪”上，竟无端生出一种淡淡的离愁。离愁别绪与登山赏景的氛围格格不入，却又让人挥之不去，其实，并没有什么离别在此发生，要怪只怪弘一法师笔下的词句太过动人，更怪黄草梁上的风景与词中意境太过契合。

门头沟最西边的斋堂、清水两个镇是整个北京市的屋脊，东灵山、百花山、黄草梁、老龙窝等高峰屹立在此，山顶开阔、山坡平缓、山谷窄深是这带山区的地貌特点。永定河以南、斋堂川以北、沿河城断裂带以西的一片山地尤其明显，主要山峰东灵山和黄草梁的山顶都有大面积的平坦草甸，两座山峰之间还有缓和的山脊相连。

这是夷平面作用的产物。门头沟这片地方曾经是一个比较开阔的平原，随着地面抬升、断裂带发育，河流切割与风雨侵蚀作用也逐渐增强，原有的高平面被撕裂，仅遗留下一些尚未被侵蚀殆尽的部分，这就是现在的山顶地带。假以时日，这些宽厚的山峰在侵蚀作用的吞噬下将越来越促狭、破碎，最终会消失在历史的长河中。

在北京，旧时对门头沟的印象无非是煤炭、灰尘和偏远荒僻的大山。可如今，告别了煤炭产业的门头沟发现了那些曾经“不值钱”的山山水水的价值，摇身变成了一个京西休闲旅游胜地。沿 109 国道西行，一路山水一路景，最是山水好风光。

自然风景其实俯拾皆是，很多时候我们并不是没有遇见风景，只是没有珍惜那些从窗外掠过的山山水水、城镇乡村。有心的人，不必长途旅行，一样能在生活的城市周边找到令人心动的美，所以，何不暂时离开霾锁的京城，去门头沟看看？

京西太平鼓，声声送平安

太平鼓，源于萨满祈福祭神的仪式，曾广泛流传于永定河上游的东北、西北和山西高原一带，是属于永定河独特的文化基因。京西太平鼓作为京西最优秀的民间艺术之一，它虽经历了各种现代艺术形式的冲击，但因深受民众喜爱，仍活跃在京西群山里，是永定河流域的一朵奇葩。

据统计，全国约 12 个省市有太平鼓，其在表演形式、道具样式、风格特色以及表现内容上存在着相似及不同之处。关于京西太平鼓的起源，民间传说不一。太平鼓流传于北京，迄今为止最早的记载是在明代。据明代《帝京景物略》载："童子挝鼓，傍夕向晓，曰太平鼓。"此说不仅表明了北京地区太平鼓的最早记载年代，而且指出了其名称的由来。清末，打太平鼓在门头沟区已很普遍，且和京城打鼓的技艺有所交融。人们在除夕、正月十五，击打着太平鼓演唱、舞蹈，以求太平。

太平鼓，其外形与团扇相似，又称单鼓，有太平安乐之意，它是一种有柄有环的单面圆形鼓，鼓面用羊皮或牛皮纸做成，鼓边上配有几个红色绒球，鼓柄下端拴几个闪亮的小铁环。耍鼓时，左手持鼓，右手持鼓槌，鼓声与金属声交相辉映，清脆悦耳。太平鼓的制作充分展示了人民群众的聪明才智，无论从鼓的样式、鼓面的材料还是鼓面上的绘画以及鼓槌的装饰，都体现出了老百姓丰富的想象力、创造力和审美追求。太平鼓经过祖辈相传、逐代人的口传身授，传承至今，依然能看到其朴实无华、健康向上的艺术特色。

作为以鼓为道具的舞蹈，击打是太平鼓

京西太平鼓在天安门广场表演 / 门头沟文委供图

京西太平鼓参加第七届全国电视舞蹈大赛 / 门头沟文委供图（下图）

主要的伴奏手段，它主要有两种表达形式：边打边舞和间打间唱。传承至今，大多数流派只保留下边打边舞的套路，这种表演形式主要是舞者在不同鼓点的伴奏下，做出不同的舞蹈动作。舞离不开鼓点，鼓点又随舞而变化。鼓点和动作套路是一致的，不同的鼓点形成不同的动作套路，不同的动作套路又使鼓点显得丰富多变，从而形成视觉和听觉的和谐统一。

太平鼓属于人体动态文化，既无文字范本可考，又无影音资料可查，全凭参加活动的百姓口传身授。老艺人们认为，太平鼓要得好坏，要看鼓的动态、身体的姿势。在过去，妇女由于缠足使得其在表演太平鼓时呈现的基本动律为“扭劲”和“颤劲”，显得十分俏丽；男子的动律特点则是“扇劲”和“艮劲”，显得舒展挺拔。在集体的传承中，一些动作和队形变化的套路被保存了下来。但由于每个人的条件、教授的方法及老艺人自身修养的不同，使得太平鼓形成了一村一地、一家一户的各种风格流派，但其基本动律大体上是一致的。

京西太平鼓在每年的腊月和正月最为活跃，是民俗活动中十分吸人眼球的表演，打太平鼓不仅可以烘托节日气氛，在某种程度上也可以折射出北京地区的节庆习俗。随着传统民俗日益淡化，京西太平鼓的活动阵地逐渐缩小，加之老艺人年事已高、传承人缺失，使得京西太平鼓有些动作流失，颇为遗憾。但人们也在通过各种途径来加强对京西太平鼓的保护，期盼这朵艺术之花能常开不败，带给世人喜悦和太平。

妙峰山庙会，春的序曲

妙峰山庙会，又称妙峰山娘娘庙香会，是京津冀地区一种古老的传统民俗及民间宗教文化活动，更是华北地区的重要庙会，它始于明代，繁盛于清代，已有400多年的历史。庙会在每年春、秋举办，以春香为盛，在农历四月初一至十五举办，会期半月。

妙峰山古称妙高峰，位于北京西山，主峰海拔1291米，娘娘庙建于主峰南侧的莲花金顶上。旧时的妙峰山庙会，虽以朝拜碧霞元君为直接目的，但实际上它早已扩展为一项包容甚广的民俗娱乐活动，超出了宗教信仰的范围，其参与人员范围远达东北、江浙、两广和云贵地区，因外埠香客占60%，还留下了“妙峰山的娘娘照远不照近”的俗语。

妙峰山庙会保留了华北地区，特别是北京及其周边地区的以民间信仰为特点的传统民间吉祥文化，是研究华北地区民众信仰和生活的重要依据。妙峰山庙会本是农耕文化的产物，古时可以满足不同社会阶层的心理需求和精神寄托，后来由于皇家的参与变得非同寻常。

追溯其发展历程，康乾时期是妙峰山庙会迅速发展的时期，帝王曾多次亲题匾额。后来，咸丰帝和慈禧太后还将去妙峰山朝顶进香的数十档香会封为“皇会”，这对繁盛妙峰山的香火起到了一定的推动作用。清末年间，由于内忧外患，社会不稳，朝廷曾对庙会活动进行限制。但到清朝末年民国初年，由于社会动荡，祈求平安成为庙会的主题，香会和香客反而有增无减。抗日战争时，庙宇被毁坏，庙会逐渐衰落。中华人民共和国成立初期庙会停办，1985年庙宇重修，1987年对外开放，从1992

妙峰山庙会已有 400 多年的历史，是华北地区重要的庙会 /cnsphoto 供图（富田 摄）

妙峰山庙会上带有浓重地方特色的文化运动 / 壹图网供图（下图）

年举办妙峰山第一届庙会以来，至2019年，已连续举办了27届庙会。

妙峰山的香会活动与碧霞元君信仰有着紧密联系，并带有浓重的地方特色，它分文会和武会。文会属于后勤保障类，比如舍馒头的，叫馒头会；舍粥的，叫舍粥棚。武会过去叫十三堂，后来又加了三堂，武会所表演的各种技艺与碧霞元君信仰有着全面、多方位的联系，是武术、戏剧、音乐、舞蹈、体育、杂技的综合艺术，是民间文化的宝贵财富，体现了民众的创造力。许多武会实际上正是为妙峰山庙会而成立的，称为“抢洋斗胜，耗财买脸”，他们在朝顶进香、献艺表演的同时，也使各种文化及其表现形式以庙会为载体和纽带得到了充分的展示，被国内外学者称为民间戏剧表演大舞台。

过去，由于部分人在妙峰山进香许愿后偶有遂愿，使得妙峰山庙会的名声传播开来，许多香客和民众认为妙峰山上的诸神能帮助他们实现一切美好的愿望，以到妙峰山朝顶进香为荣，因此妙峰山现在还留有摩崖刻字——“几世修到朝金顶，万古长留此妙峰”。北京地区一些因故不能前往妙峰山的信奉者，就在茶棚遥祀，称为“顺香”；外地不能前来的香客，就托人把自己的香牌带到妙峰山焚化，称为“寄香”。衣食无忧的香客也要在舍粥棚喝一碗粥，有的还要带一个馒头回去，给家人分食，为的是与妙峰山结缘，享受到碧霞元君的恩惠。由此可见，妙峰山庙会在人们的社会生活中具有重大影响。

北京地区的许多香会都是因妙峰山庙会而成立，并传承数百年保留至今。如果没有了妙峰山庙会，这些香会就失去了存在的理由和条件，其所拥有的民间文化传统技艺也就失去了存在的基础。

随着时代的发展，妙峰山庙会也产生了一些变化，如原来的香会改为花会，一些新成立的以强身健体、自娱自乐为宗旨的新会，也不断增加到朝顶进香的行列。香会的衰微和内容的变化是不可抗拒的社会发展之必然。但由于香会发生了变化，一些传统的表演艺术濒临消亡或正在退化，如传统的开路耍叉、狮子会、中幡、高跷秧歌、五虎棍、胯鼓、吵子等所存会档已屈指可数。

尽管如此，妙峰山庙会至今还生机勃勃地传承着，并与时俱进，做了一些创新。妙峰山庙会之所以能继续发扬光大，除了有关部门的扶持外，其根本原因还在于它所传递的文化精神深深扎根于现代民众的心里，那些传统的仪式、民间艺术的表演是人们精神和信仰的一部分。这也是永定河流域的百姓，在数千年的繁衍生息中所留存下来的宝贵遗产。

千军台、庄户幡会，一年的终结

每年正月十四的夜晚，门头沟区十里八桥一带，永定河畔的古村落千军台村、庄户村两村的幡会代表都会进行一场庄严而神秘感十足的祭幡仪式，为正月十五的幡会请神祈福。

千军台、庄户幡会，又被称为“京西古幡会”或“京西幡会”，它以娱神、祈福及自娱自乐为目的，是以对碧霞元君娘娘的崇拜为源头的民间村社祭祀活动，始于明代，兴于清代，流传至今已有400余年的历史。除非是战争年代或由于某些不可抗拒的原因，千军台、庄户幡会从未停止过。它文化内涵丰富，底蕴深厚，地域特色突出，是中国民俗文化百花园中的一朵奇葩。

从地理位置来看，千军台、庄户这两个小山村，地处京西古道沿途，位于门头沟中部山区，南有轿顶山，北有清水涧，海拔均在800米左右，此地盛产煤炭。千军台村，史书称“千人台”，当地有人喜欢称其为“千军万马台”；庄户村，史称庄窠台，西距千军台村一里余，古道穿村而过。两村所在地为大台地区，其人文历史相当久远，底蕴十分深厚。

幡会又称天仙会、香道会、天人吉祥圣会，它与庙会、朝顶进香会和行香走会等均源于宗教信仰。在古时候，碧霞元君被人们附会成“滋生万物之神”“主司妇女多子”，是保护儿童的大神，人们对她的信仰达到了顶峰。大台地区的村民也不例外，也就是从那时起，千军台、庄户两村组建了幡会，取名“天仙会”。天仙会首先是朝顶进香，

千军台、庄户幡会 / 门头沟文委供图（上图、下图）

四月初一到北港沟娘娘庙参加碧霞元君的“人天道场”。所以两村幡会的标志幡上写着“千军台村、庄户村朝顶进香庙会”。

千军台、庄户幡会是由大旗、神幡、十几档香会组建而成的，历史悠久。依据明代典籍，我们可以找到幡会的历史渊源，如《帝京景物略》载：“四月一日至十八日，倾城趋马驹桥，幡乐之盛，一如岳庙，碧霞元君诞也。”可见在当时，幡旗队列、乐曲演奏十分繁盛。

两个村共有旗幡21面。其中，大旗3面，旗面呈横式，有灵官旗（以白缎制作，镶以红边）、关帝旗（幡会的中心旗）、真武旗（绘有真武大帝，披发仗剑，以黄绸镶边）。所用的幡又称“筒子幡”，也叫“大执事”，幡共有18面，有红、蓝、绿、紫、粉、黑等几种颜色。尽管颜色对比强烈，但搭配得恰到好处，将历史的厚重感与宗教的色彩十分完美地结合在一起，显得古朴、和谐。幡会队列除幡旗外，还有十几档香会，如大鼓会、音乐会、秧歌会等，因在历史进程中不断丰富发展，故形成了不同时期的阵容。

据说，千军台、庄户幡会曾去过百花山的庙会、妙峰山的庙会等，道光年间，还曾被邀请参加涿州的药王庙庙会，曾受皇封，为“天人吉祥会”，并赐银锤铁锏，一直保留到新中国成立前。除参加各地的朝顶进香庙会外，千军台、庄户幡会最重要的活动是元宵节期间在两村“走会”，正月十五在千军台村，正月十六在庄户村。在哪村走会哪村便是主会，去的村便是客会，接会的地点都是在各村的村头。接会一般是在下午，过去是天快黑之前，将近5点时，现在则改为了3点左右。

“走会”时，全体村民在每年正月十四晚上都要到古刹龙泉庵朝拜各姓氏祖先牌位，请各路神仙共度元宵节。正月十五早晨，幡会会档大鼓会、音乐会、秧歌会集聚古刹，先由音乐班吹奏，后由吵子班进行打击乐演奏。随后各会档依次表演完毕，幡会就开始了。

庄户村幡会从龙泉庵起会（今从居委会大院起会），擎起大幡，走出龙泉庵庙，每筒幡需一人擎举，三四人拉纤。幡有地名幡、马王幡、窑神幡、真武幡等，按幡位大小一字排开，音乐班在东岳幡前，吵子班在观音幡前，秧歌会在地名幡后，大鼓会在最后的真武幡前。正月十五下午从庄户村去千军台村口会合，两村幡会会档穿插在一起，声势浩大。

千军台、庄户幡会，是京西地区独有的民俗画卷，反映了当地百姓的民间信仰。幡会规模庞大，内容丰富，这在华北地区是绝无仅有的，研究其文化内涵和形式构成具有重要价值。据当地人介绍，两个村的人常在幡会期间走亲访友、增进友谊，这对于改善人际关系，加强人们之间的交流，构建和谐社会也具有重要意义。千军台、庄户幡会还曾引起国内外学者的高度重视，“千军台、庄户古幡会”被编入“门头沟文化丛书”，音乐班的一些乐谱被收入《门头沟民间器乐曲集成》一书中。

千军台、庄户幡会容易被群众接受，是因为它的文化核心早已超越了宗教，代表着人们对美好生活的追求，既是一种传承久远的民间文化，也是一种人民信仰和力量的体现。但由于历史的原因，千军台、庄户幡会曾一度中断过，后经村里老人组织得以恢复，但已不复当年盛况，有些班子甚至已经消失，而了解各种会规，能熟练演练各种仪式的人更是寥寥无几。古老的民间习俗在现代社会的冲击下，陷入了危机。如今，有关部门已对千军台、庄户幡会采取了积极的保护措施，如出版书籍、拍摄纪录片、向非物质文化遗产传承人提供适当的经费支持等，以期能让这朵民间艺术奇葩常开在京西山区。

永定河北岸，新机场展翅欲飞

从黄土高原蜿蜒而来的永定河，一路裹挟着泥沙，冲击出北京赖以生存的小平原。沧海桑田的巨变中，北京从一个小小的聚落发展成如今的繁华都市。一架架航班，从北京飞往世界各地，也从世界各地飞来北京。在与世界接轨的同时，北京作为一座大型国际都市，也面临着繁重的交通压力。

可以说，首都机场是中国最繁忙的国际空港，一直以来，由于空域资源紧张，首都机场时常面临着“申请航线难、申请时刻难”的困局。为了能更好地发展，早在20多年前，修建北京新机场就被提上了日程。这座计划于2019年建成并投入使用、远期年吞吐量达1亿人次的大型机场，将成为世界上最大、最雄伟的机场，也将为北京的发展注入新的血液和力量。

这座举世瞩目的新机场将落在哪里呢？

关于新机场的选址，经过了反复的斟酌。最开始，是定在北京的张家湾和庞各庄，后来又重新评估，经过多个场地的反复比较，考虑到永定河流域内优质的生态环境和京津冀协同发展的战略考量，最终将北京新机场选址定在了北京市大兴区榆垡镇、礼贤镇与河北廊坊市广阳区之间，落址在永定河北岸。

新机场的位置，处于北京城的最南端，与河北廊坊紧紧相连，永定河沿着大兴西部的边界流淌，沿着永定河再往下走就是天津的武清区了，新机场是联系京津冀协同发展的桥头堡。除了能有效地疏解首都机场所承载的压力，也能极大地带动当地经济发展，推动京津冀协同发展。新机场的造型酷似“大海星”，据说其本意是模仿凤凰，若从高空

首都新机场即将成为京津冀地区的空中交通枢纽 / 北京电视台供图

俯瞰，新机场如同凤凰展翅，迎接八方来客。

虽然新机场毗邻永定河，在场区东侧汇入永定河的天堂河也是永定河的支流，但新机场的建设并不会影响其水质。机场产生的污废水收集后集中进行处理，一部分用于冲厕、绿化等，剩余部分进入场内生态水系，最后不定期排入天堂河，而排水水质已具备景观水功能，所以不会对天堂河及其下游的永定河水质造成负面影响。

此外，为了让永定河恢复昔日美景，重新“活起来”，永定河流域将建多处大型湿地，涵养水源，增强河水的自净能力。根据《永定河全流域生态修复与水资源保护规划》方案可知，永定河下游的湿地将建在新机场附近的大兴、固安、天堂河一线，规模与河北白洋淀相仿。

环绕新机场再建一个“白洋淀”，既能为北京新机场美颜，为机场隔音、减尘、降噪，也是人们对母亲河的反哺之举。永定河给北京以母乳滋养，但在城市的发展过程中，人们过度汲取永定河水，给它造成了巨大的伤害，依托修建新机场的契机，人们要给永定河洗去尘埃。古老的永定河将依托现代化的北京新机场，迎来新的春天。潺潺河水穿城而过，水的柔媚与钢的筋骨，也将给北京带来新的发展和机遇，我们拭目以待。

专家畅谈人文地理纪录片《永定河》的价值

文化价值

《永定河》纪录片第一次全面、系统地用影像来讲述北京城的根。它把永定河和北京城的关系讲透了，很多人不知道今天的中南海、北海是永定河的功劳。北京城有3000年建城史，人类在永定河畔定居繁衍，北京城是永定河定的。没有永定河，北京城的选址就无从谈起。这部纪录片讲好了人和自然的关系，对我们研究北京城、挖掘永定河的文化价值有很大的启示。

——北京史研究会会长、研究员 李建平

《永定河》是一部有温度、有情怀、有哲思、有文化的纪录片。它的镜头浪漫、唯美，内容充满魅力、激情、哲理。它搭建了金、木、水、火、土五行的奇妙框架，用这样一个框架，从不同角度来展现永定河，描绘了它的跌宕起伏，带给人强烈的忧思和憧憬。它让人们沉思，让人们对这条河充满希望。

——北京市社会科学院历史所研究员 吴文涛

《永定河》纪录片充分彰显了永定河的个性，兼具知识性、科学性、趣味性，它说清了城与人、山与水、林与田、湖与村之间的关系，让我们体会到永定河是中华文化发祥地之一。诗化的解说，更增加了片子的哲理性。

——永定河文化研究会首席专家 谭杰

生态价值和学术价值

《永定河》纪录片是北京城市发展史上非常重大的一个事件，在此之前，谁也没有把永定河和北京城的关系说得如此清楚。这部片子把永定河当作一个整体来对待，是站在一个比较高的角度来看待永定河的，所以有很高的学术价值。

——历史地理学家、北京地理学会副理事长 朱祖希

《永定河》纪录片对永定河文化的宣传起到了极大的推动作用，使一城三带的文化中心建设上了一个新的台阶，有了新的高度。纪录片的成功离不开制作团队的辛苦付出，他们在拍摄过程中克服了很多困难，无论是冰天雪地，还是高温酷暑，他们起早摸黑地拍摄，所以这部纪录片是制作团队勤奋劳动的成果。

——永定河文化研究会会长 张广林

《永定河》纪录片对永定河生态价值的梳理是空前的，把永定河2000年波澜壮阔的治水史充分展现出来。这部片子应该精编出一个教科书版本，将来在课程开发和文化之旅方面都可以当素材使用。

——永定河文化研究会副会长 侯秀丽

艺术价值

《永定河》纪录片让我对永定河有了清晰完整的认识。它以真实为第一要务，彰显出纪录片的说服力，对整体的把握非常到位。但《永定河》并非完全写实，它又充满了诗性的美，有着与一般纪录片明显不同的美学方式，显得很空灵、唯美、文艺。《永定河》与历史对话，也与现实接轨，让我们增强文化自信，并督促我们保护好青山绿水。

——《文艺报》总编辑 梁鸿鹰

纪录片《永定河》从历史人文地理的角度切入，讲述北京文化、华北文化乃至中国文化的故事，洋洋洒洒，把永定河与北京城的故事娓娓道来。每集主题明确而丰富，纪录片展现出美轮美奂的审美效果，令人赏心悦目，怦然心动，使我们对一河永定的主题心领神会，并从此将这个理念践行不渝。

——影视剧理论家、中央戏剧学院博士生导师 路海波

传播价值

从传播学的角度来看，《永定河》具有鲜明的艺术特色和传播特点，它是一篇意韵深长的散文诗，是一部声情并茂的立体书，是一幅令人赏心悦目的风情画。它将自然与人文、学术与传播、写实与写意相结合，用艺术打底，采用了4K电影摄影、无人机航拍、水下摄影、三维动画等多种高科技手段，为我们呈现出了母亲河的千般姿色。

——《人民日报》文艺部副主任 袁新文

我们每到一个城市，都能想到一条河，比如黄浦江之于上海、松花江之于哈尔滨，但唯独北京，我们没有把它和永定河联系在一起，这也是我们媒体人在宣传上的缺位，幸好有《永定河》这样一部纪录片。它的穿透力、震撼力和吸引力深深地打动了我。它兼具呈现之美和发现之美，让我们看到了永定河的自然之美、文化之美、人性之美、建设之美，它对于长城、大运河的拍摄，都有一定的借鉴和示范意义。

——《光明日报》北京站站长 张景华

社会价值

《永定河》纪录片很精致，有大国工匠的精神，它展现了北京文化的风采和魅力，展现了永定河的特质，是电视艺术的一朵奇葩，尤其是拍摄方式很“立体”，艺术味道很特别。在中国的纪录片里，它属于一流的作品。它有示范性的意义，为辨识美学提供了一个研究范本，也为城市文化

提供了一个研究模式。

——《北京日报》高级编辑、文化学者 彭俐

《永定河》的播出，使永定河走进了千家万户，也走进了每一个人的心里。从《永定河》的预告片开始，这部片子就成为人们每天生活的期待，无数目光聚焦在《永定河》上。

——《永定河史话》作者、永定河文化研究会会员 尤书英

《永定河》纪录片每集风格各不相同，但整体性很强，非常统一。它就像一首诗，充满了对北京的爱。但如果这部片子能更幽默一些，就更好了。

——中国电影家协会名誉副会长、编剧、文化学者 苏叔阳

永定河承载了丰富的文化内涵，它本身就是一座瑰丽的文化宝库。而纪录片《永定河》正是立足永定河全流域和历史发展的角度，以大文史的视角在展现诠释永定河的同时，梳理、思索永定河与北京城历史发展的关系，对北京回归文化、构建生态的发展之路，进行有内容、有重点的视觉展现和人文思考。

——中共北京市门头沟区委常委、宣传部部长 张金玲

《永定河》是一部摄制团队有情怀、内容涵盖有文化、领导组织有担当、创意视野有高度的优秀纪录片。拍摄纪录片仅仅是挖掘、传播、弘扬永定河文化的一个开始，应该形成一个研究、传播、发展、创造永定河文化的高潮。

——中共北京市门头沟区委宣传部副部长 马占军

编后记

永定河是北京的第一大河，是一道跨越京津冀晋蒙5省市的“文化风景线”。永定河作为北京的母亲河，给予了北京母乳般的滋养。随着北京大运河文化带、长城文化带、西山永定河文化带“三个文化带”建设的提出，这条北京的母亲河日渐引起人们的关注。

本书缘起于2018年2月，我们与北京电视台新闻节目中心总导演王淳华女士合作，推出了大型人文历史纪录片《大西山》的同名图书；在2018年8月又推出了由门头沟区文化委员会主编，王淳华女士担任执行主编的《识遗门头沟》一书。在大型人文地理纪录片《永定河》的拍摄过程中，我们便跟王导紧密联系，深入了解拍摄背后的花絮和故事，更加懂得《永定河》纪录片的价值和内涵，在此十分感谢王导对我们的信任和支持。

北京电视台出品的大型人文地理纪录片《永定河》为母亲河画像作传，该纪录片质量上乘、充满诗性美，是一部难得的原创精品纪录片，也是北京电视台纪念改革开放40周年的献礼之作。本书是该纪录片的同名主题图书，由于书面语言不同于视频语言，如何最大限度地保留纪录片的风貌又体现图书的延展性颇具挑战，让我们绞尽脑汁。

经过反复思考和与主编的多次沟通，我们决定本书依托于原纪录片的基础，但不局限于纪录片，力求打破纪录片每集的固定结构，尽量做到“形不同而神相似”，并以纪录片所提出的“金木水火土”的五行理念为篇章，围绕永定河流域，以北京城为中心，讲述永定河的故事，以深度阅读的方式重新诠释纪录片的内在气质。本书不仅真实完整地呈现了整部纪录片的内容，还提供了更多、更详尽的永定河方方面面的信息和专家的深度解读，带领读者从纸上认识永定河。

为了保证内容的学术性，本书邀请《永定河》纪录片的学术专家团队撰稿，确保本书的理念与纪录片保持高度一致。同时，书中配有大量精美的图片和手绘插图，设计精良，兼具阅读、馈赠与收藏价值。

本书的出版得到了诸多专家学者的大力支持，在此一并感谢！希望本书能以科学的、生态的视角，引导读者认知、了解、保护北京的母亲河——永定河。

图书在版编目（CIP）数据

永定河：北京的母亲河 / 王淳华主编．— 北京：北京出版社，2019.8
ISBN 978-7-200-14834-3

Ⅰ．①永… Ⅱ．①王… Ⅲ．①永定河—介绍 Ⅳ．① K928.42

中国版本图书馆 CIP 数据核字（2019）第 065932 号

永定河
北京的母亲河
YONGDING HE
王淳华 主编

出　版　北京出版集团公司
　　　　北 京 出 版 社
地　址　北京北三环中路 6 号
邮　编　100120
网　址　www. bph.com.cn
总发行　北京出版集团公司
经　销　新华书店
印　刷　北京华联印刷有限公司
版印次　2019 年 8 月第 1 版 第 1 次印刷
开　本　787 毫米 ×1092 毫米 1/16
印　张　17.25
字　数　250 千字
书　号　ISBN 978-7-200-14834-3
定　价　55.00 元

如有印装质量问题，由本社负责调换
质量监督电话　010-58572393
责任编辑电话　010-58572473